英語学習者は
e-learningを
どう使っているのか

―自律学習におけるメタ認知ストラテジー能力の養成に向けて―

佐藤恭子、権 瞳、アラン・ベセット、有馬淑子

渓水社

はしがき

　本書は、英語のe-learningを学習者はどのように進めているのか、その学習行動の解明を目指したものです。効果的なe-learningには何が必要なのか、そして学習が思うように進まない時にはどのような問題が関わっているのかを、学習者要因としての学習観（ビリーフ）と学習ストラテジー（学習方略）の調査と共に考えてみました。また自律学習に必要とされるメタ認知ストラテジー能力を高める方法の一つとして、学習記録の実践を提案しました。どのようにしたら自分で計画、実行、振り返り、評価ができる「成功する英語学習者」になれるのかを一緒に考えてみましょう。

　本書の構成は、次のようになっています。

　まず1章で英語の「学習観（ビリーフ）」と「学習ストラテジー（学習方略）」を取り上げ、大学生が英語の学習について、どのような考えを持っているのか、そしてどのようなストラテジーを用いているのかを調査しました。

　2章では、自律学習の代表的な学習方法であるe-learningを取り上げ、学習者は実際にどのように教材を使っているのかを見ました。具体的手法として、ビデオキャプチャーソフトウェアを用いてコンピュータ画面を録画し、学習過程の観察を行いました。言わば目に見えにくかった学習過程を客観的に測定し、質的なデータとして分析に取り組んでみました。

　3章では、2章で述べた研究の一部を統計的手法を用いて論じました。学習者がe-learningを行う際の問題には、どういった要因がどのように関わっているのかについて、人間の行動パターンを例にとりながら分析を試みました。

　4章では、実際にどんな教材を用いて、どのように学習するとよいのかをウェブサイトの紹介やe-learning上のアドバイスを中心にまとめました。また教える側が注意すべき点も挙げてありますので、教室指導に役立ててもらえればと思います。

　5章の実践編では、学習ストラテジーの一つであるメタ認知ストラテ

ジーに焦点をあて、その一例として学習の過程を記録につけるという実践を紹介しました。そして、英語を学ぶ具体的な方法として「学習日記」と「単語ノート」の実践を提唱しました。さらにステップアップして「成功する学習者」になるために、持続して記録することの大切さを感じて下さい。

　本書の一部は、科学研究費（基盤研究C　課題番号22520603「CALL学習における学習者の教材利用と学習ストラテジーについての実証的研究」（研究代表者 Alan Bessette））の助成を受けた研究に基づいています。1章（佐藤担当）は佐藤他（2012）、2章（権担当）は権・佐藤（2012）、Kwon・Sato（2013）、3章（有馬担当）は有馬（2013）、4章（ベセット担当、日本語訳は権）はBessette（2013）、5章（佐藤担当）は佐藤他（2013）にそれぞれ加筆修正を施したものです。本書全体の構成は、佐藤が立案しました。

　本書をまとめるにあたり、調査に参加してくれた多くの学生の皆さんに感謝致します。皆さんの英語に対する熱心な気持ちに触れることが、私たちの日々の活力となっています。少しでも「分かった！良かった！」と思ってもらえる瞬間が増えるように、これからも頑張っていきたいと思っています。

　私たち著者全員は、プール学院短期大学・プール学院大学で時間を共有した元同僚です。それぞれ現在の職場は異なっていますが、英語を教えるとはどういうことか、その指導の熱心さ、大切さを一から教えてもらったといっても過言ではありません。多くの諸先輩方に感謝申し上げます。

　最後になりましたが、出版に際しましては、渓水社の木村逸司社長、実際の作業にあたって頂きました木村斉子様に大変お世話になりました。ここに記してお礼申し上げます。

2013年11月13日

著者を代表して

佐　藤　恭　子

目　次

　　はしがき …………………………………………………………………… ⅰ

1．学習ビリーフと学習ストラテジー
　　1．1　学習ビリーフ：学習者は英語学習に対してどのような考えを持っているか … 3
　　1．2　学習ストラテジー：学習者はどのような方法で英語を学習しているか … 6

2．e-learningにおける学習行動：学習者はどのように教材を使っているか
　　2．1　ビデオキャプチャーソフトウェアによる学習行動の分析 … 12
　　2．2　調査項目 ……………………………………………………… 13
　　2．3　結果 …………………………………………………………… 15
　　2．4　考察とまとめ ………………………………………………… 18

3．e-learningを心理学の立場から考える
　　3．1　学習行動の分析 ……………………………………………… 23
　　3．2　学習行動過程のモデル ……………………………………… 27
　　3．3　まとめ ………………………………………………………… 30

4．英語学習および授業のためのウェブサイト
　　4．1　ウェブサイト紹介 …………………………………………… 33
　　4．2　評価とストラテジー ………………………………………… 38
　　4．3　お薦めのウェブサイト一覧 ………………………………… 44

5．実践編：学習記録とメタ認知ストラテジー
　　5．1　e-learningで用いた記録 …………………………………… 47
　　5．2　学習方法に焦点を当てた記録 ……………………………… 49
　　5．3　「学習日記」と「単語ノート」 ……………………………… 51

⑴　「学習日記」の使い方 ……………………………………………… 52
　　⑵　「単語ノート」の作り方 ……………………………………………… 56

参考文献 …………………………………………………………………… 60

資料編
　　資料１．英語学習ビリーフ：Horwitz(1987)The Beliefs About Language
　　　　　　　　　　　　　　Learning Inventory(BALLI)を参考に ‥ 62
　　資料２．学習ストラテジー：Oxford（1990）を参考に ……………… 63
　　資料３．学習記録その１ ………………………………………………… 66
　　資料４．学習記録その２ ………………………………………………… 67
　　資料５．Learning Journal ……………………………………………… 68
　　資料６．英語学習自己評価シート ……………………………………… 72
　　資料７．週間ダイアリー ………………………………………………… 73

英語学習者はe-learningをどう使っているのか
－自律学習におけるメタ認知ストラテジー能力の養成へ向けて－

学習ビリーフと学習ストラテジー

1.1 学習ビリーフ：学習者は英語学習に対してどのような考えを持っているか

　ビリーフ（belief）という言葉を聞いたことがありますか。日本語に訳すと「信条」、「信念」、「考え」になるでしょうか。英語の学習について言う場合は、「学習観」、「学習信条」と言ってもいいと思います。例えば、英語を習うのだったら、絶対ネイティブスピーカーに習わないとだめだと思う人もあるでしょう。また何かの資格にプラスになるから英語を勉強すると言う人もあるでしょう。あるいは、旅行で行った国がとてもよかったので、ああいう国で暮らしてみたい、その国の人と英語で話してみたい、だから勉強しようと思う人もあるでしょう。また頑張れば必ず英語をうまく話せるようになると考えている人もいるでしょう。そしてこれからは言葉を身につけることがますます重要になる社会だと考えている人もいます。このように英語を勉強する上で、影響力を持つ要因は数多くあると思います。その中の一つとして、このビリーフ、つまり英語の学習に対する考え方を挙げることができます。では具体的な例を見てみましょう。

　Horwitzという人が1987年に考案した語学についての学習観をみる質問紙、The Beliefs About Language Learning Inventory（BALLI）というのをここでは紹介しましょう。これは34の項目から構成されていて、①外国語学習能力、②外国語学習の難しさ、③外国語学習の特質、④学習・コミュニケーション方略、⑤動機づけの5つの観点から成っています。このBALLIについて関西の私立大学2校の115名を対象に調査を行ってみました。

　調査では主としてコンピュータ等を利用したe-learningの学習環境との関わりを考えたかったので、先行研究のCALL教室におけるビリーフ研究を行った下山他（2002）を参考に、上記の①から⑤のうち、その目的に沿った項目を以下のように13の質問（②外国語学習の難しさ2問、③外国語学習の特質4問、④学習・コミュニケーション方略4問、⑤動機づけ3問）に絞り、調べました。

[調査項目]
　②外国語学習の難しさ
　　・私は自分が英語を上手に話せるようになると信じている。
　　・英語を話したり聞いたりするよりも読んだり書いたりする方が容易である。
　③学国語学習の特質
　　・外国語を学習するのに最も大切なことは単語を学習することである。
　　・外国語を学習するのに最も大切なことは文法を学習することである。
　　・英語を学習するのに最も大切なことは日本語からの訳し方を学習することである。
　　・英語を話すためには英語を話す国の文化について知ることが必要だ。
　④学習・コミュニケーション方略
　　・きれいな発音で英語を話すことが大切である。
　　・何度も繰り返し練習することが大切である。
　　・CDなど音声を用いて練習することが大切である。
　　・他の人と英語で話す際びくびくしたりはしない。
　⑤動機づけ
　　・英語を上手に学習すればよい仕事につく機会が増える。
　　・私は英語を上手に話せるようになりたい。
　　・日本では英語を話すのが大事だと考えられている。

　回答は「全くあてはまらない」の1点から「とてもよくあてはまる」の5点の5段階で求めました。調査結果を表1に示しました。上に挙げた②から⑤のグループごとに、それぞれの平均値と標準偏差（ばらつき）を挙げています。

表1　英語学習ビリーフの平均値と標準偏差

	②外国語学習の難しさ	③外国語学習の特質	④学習・コミュニケーション方略	⑤動機づけ
平均値	2.66	2.24	1.76	1.77
標準偏差	1.01	0.84	0.76	0.72

この結果をみると、④の学習・コミュニケーション方略と⑤の動機づけの平均値が、②と③の項目に比べて低いことが分かります。④の学習・コミュニケーション方略の項目については、「話す」、「聞く」を中心にした方略になっています。例えば「きれいな発音で英語を話すこと」、「何度も繰り返し練習すること」、そして「CDなど音声を用いて練習すること」ですが、学習者はこれらの方略について、あまり大切ではないと考えていることが分かります。また⑤の動機づけについては、英語の勉強が「よい仕事につく機会」に直接結びついていないことが分かります。また「上手に話せる」ことに対してあまり重要性を見出していないと考えていることが分かります。つまり、まだ英語を勉強しようと思う気持ちが十分には熟していない状態であると言えますね。残念ながら、②から⑤のこれらの４つの領域のビリーフについては、肯定的に捉えている人が②以外は、半数以下でした。

　さて、もう少し中身を詳しく見てみましょう。調査項目のうち、平均値（以下の各文の後ろのMで示した数値）が2.5点（50％）より高かった項目を挙げてみます。各項目について、５点満点で考えて下さい。例えば「M3.10」というのは、平均点が５点満点中の3.10点という意味です。

・英語を話したり聞いたりするよりも読んだり書いたりする方が得意である。　　　　　　　　　　　　　　　　　　　　　　　　　(M 3.10)
・英語を学習するのに最も大切なことは日本語からの訳し方を学習することである。　　　　　　　　　　　　　　　　　　　　　　　(M 2.73)

　次に平均点の低い項目を挙げてみます。これらの４つの項目は平均点が1.22から1.69の間になっています。これらの項目に対してそう思わない人が多かったと言えます。

・私は英語を上手に話せるようになりたい。　　　　　　(M 1.22)
・何度も繰り返し練習することが大切である。　　　　　(M 1.33)
・きれいな発音で英語を話すことが大切である。　　　　(M 1.51)

・CDなど音声を用いて練習することが大切である。　　　　　　　(M 1.69)

　結果を分かりやすく図1にしてみました。どうやら読んだり、書いたりは得意だけれども、話したり聞いたりするのはそれほどでもないと考えているようですね。そのことは日本語の訳や文法は重要だけれども、音声を用いた訓練や、反復する訓練はそうでもないという考え方と関係し合っていることも分かります。音読や、英語のラジオ番組、ニュースなど身近に利用できる教材があっても、そんなことをしても役に立たないと思うと、がんばろうという気持ちが湧いてきませんね。その結果リスニング力やスピーキング力もなかなか身につかなくなってしまうという状態が、こうした調査から見えてきます。言い換えると、自分でこういう方法で勉強したら、きっとこんな良い結果が得られると思わないと、学習と言うのは難しいことを示しています。

　この調査に使った項目も含め、日本で英語を学ぶ学習者にとって、もう少し分かりやすく表現したビリーフの一覧を巻末の資料1に載せていますので、自分がどのような学習観を持っているかぜひ一度チェックしてみてください。

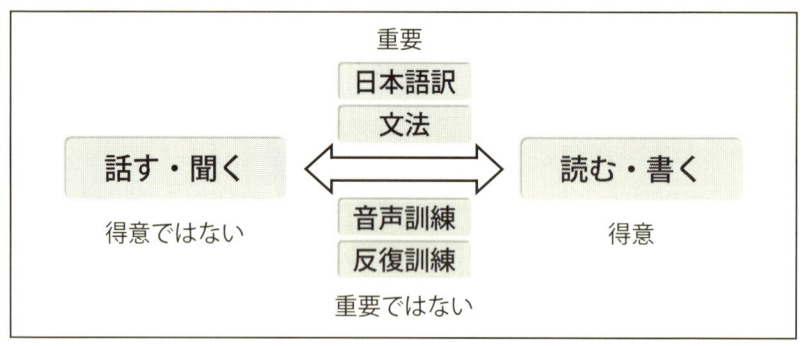

図1　英語学習ビリーフの結果のイメージ

1.2　学習ストラテジー：学習者はどのような方法で英語を学習しているか

　「学習ストラテジー」とは、簡単に言うと勉強の方法を指します。もと

もと「ストラテジー（strategy）」とは「戦略」という意味ですが、ここでは「具体的な学習上の方法」と読み替えて下さい。ところで、皆さんは自分がいつもどのように勉強しているか、立ち止まって考えたことがありますか。勉強する時に自然とよくしているやり方はあるでしょうか。例えば試験前に単語を覚える場面を想像してみて下さい。どのような方法があるでしょうか。例えば、何度も書く、語呂合わせをする、音声を流しながらつぶやく、いたる所に書いたものを貼る等色々あるでしょう。もっと広い範囲で考えてみましょう。勉強する場所、仲間などの環境面はどうですか。友達と一緒にする、図書館やカフェでする、周りが勉強しているような場所を探すと言う人もあるでしょう、あるいは家で好きな音楽をかけながらの方がいいと言う人もあるでしょう。その他勉強する前に、まずは計画を立てるのが大事だと考え、手帳を広げることから始める人もあるでしょう。こういったことすべてがここで言う「ストラテジー」に入ります。気がつかないうちに、皆さんも自分なりのストラテジーを持っているわけですね。

　さて、この学習ストラテジーは1970年代から多くの研究がなされています。よく知られているものの一つにOxfordと言う人が開発したStrategy Inventory for Language Learning（SILL）があります（Oxford 1990）。これは、大きく、直接ストラテジーと間接ストラテジーに分けられており、それぞれ、記憶、認知、補償の3つのストラテジーとメタ認知、感情、社会の3つのストラテジーの合計で6つのストラテジーから構成されています。

学習ストラテジーの分類（Oxford 1990による）
(1)直接ストラテジー
　①記憶ストラテジー
　　　情報を記憶するための方法
　②認知ストラテジー
　　　言葉を理解し、使ってみるための方法
　③補償ストラテジー

　　　　　　知識などが不足している場合にそれを補うための方法
(2)間接ストラテジー
　④メタ認知ストラテジー
　　　自分が理解している様子を自分で把握(モニター)するための方法
　⑤情意ストラテジー
　　　学習上の不安や喜びなどの気持ちをコントロールする方法
　⑥社会的ストラテジー
　　　社会やそれを取り巻く人との関係を学習に役立てる方法

　先のビリーフの調査を行った同じ大学生に対して、ストラテジーについても調査を行いました。全部で40項目からなるストラテジーのうち、日本人英語学習者になじみがあると考えられる項目を中心に、上の①から⑥の6つのストラテジーについてそれぞれ5問からなる合計30の質問項目を作成し、回答は「全くあてはまらない」から「とてもよくあてはまる」の5段階で求めました（巻末の資料2参照）。その結果を表2に示します。

表2　学習ストラテジーの平均値と標準偏差

	記憶	認知	補償	メタ認知	情意	社会的
平均値	2.65	2.65	2.51	2.44	3.05	2.95
標準偏差	1.02	1.09	1.01	0.90	1.03	1.01

　表2からどのようなことが分かるでしょうか。平均値を見てみると、学習者が情意ストラテジー（M 3.05）や社会的ストラテジー（M 2.95）を一番多く使っていることが分かります。一方、メタ認知ストラテジーは一番低い結果となっています（M 2.44）。このストラテジーは、意識して自分で自ら学習しようとする自律学習と重要な関わりを持つと言われています。毎日の授業の場合は、先生がいて、授業の時間、場所、内容についても自分でさほど考えなくても与えられる環境にありますよね。自律学習と言うのは、自分で勉強する内容を決め、計画を立てながら進めるものを指します。こうした学習に対して効果的に機能するのがメタ認知ストラテ

ジーと呼ばれているものです。ここでの結果からは、調査対象の人たちは、うまくこのストラテジーを使いこなせていないことが分かります。

メタ認知ストラテジーの使用が低い点は、先ほど述べた学習ビリーフの調査結果からも明らかになりました。これらの結果から、調査に参加した学習者は動機づけや方略については意識が低く、英語の学習が困難だと考えていることが分かりました。

この他のストラテジーも見ておきましょう。情意ストラテジーとは、学習上の不安を軽減したり、自分を励ます等、学習上のストレスを低くするストラテジーを指しますが、調査項目のこのストラテジーの中には「英語の学習について自分の気持ちを書きとめたり、記録したりする」という項目があります。そして実際、学習者が記録をつけるという行動を取っていることが分かりました。

これらの調査項目30項目について、因子分析という統計手法を用いて調べた結果、5つの因子を抽出することができました。そしてその5つの因子を、「メタ認知・対面ストラテジー」、「記憶ストラテジー」、「自発的ストラテジー」、「学習環境設定ストラテジー」、「語彙補償ストラテジー」と名付けました。得られた結果を表3に示します。

表3 学習ストラテジー因子分析結果：平均値と標準偏差

	メタ認知・対面	記憶	自発的	学習環境設定	語彙補償
平均値	2.11	2.62	3.49	2.71	2.73
標準偏差	0.60	0.77	0.74	0.78	0.81

5つのそれぞれの因子を構成する項目を以下に挙げます。文末の（　）内の数字は平均値を示しています。

(1) 第1因子：メタ認知・対面ストラテジー
・自分の英語学習の上達について考える。　　　　　　　（M 2.25）
・英語の技能を高めるための明確な目標を持つ。　　　　（M 2.36）
・英語が分からない時ゆっくり話してもらうか、

もう一度言ってもらう。　　　　　　　　　　　　　　（M 1.88）
　　・間違いに気付き、それを基にしてもっと上達しようとする。（M 2.16）
　　・話をしていて適切な語が見つからない時、ジェスチャーを使う。
　　　　　　　　　　　　　　　　　　　　　　　　　　　（M 1.91）

(2)　第2因子：記憶ストラテジー
　　・新しい単語を覚えるのに、今まで学習した事柄と関連づける。
　　　　　　　　　　　　　　　　　　　　　　　　　　　（M 2.51）
　　・難しい単語は、いくつかの部分に分けて意味を考える。　（M 2.75）
　　・新しい単語を覚えるのに、発音や使われる場面などを
　　　イメージして覚える。　　　　　　　　　　　　　　　（M 2.43）
　　・新しい単語を覚えるのに、文を書いてみる。　　　　　（M 2.79）

(3)　第3因子：自発的ストラテジー
　　・授業外でもメールを使って学習上の分からないところを
　　　教師に質問する。　　　　　　　　　　　　　　　　　（M 3.90）
　　・積極的に英語のスピーチ大会に出たり、英語話者との
　　　パーティーに参加して文化を学ぶようにする。　　　　（M 3.74）
　　・英語の学習について自分の気持ちを書きとめたり、記録したりする。
　　　　　　　　　　　　　　　　　　　　　　　　　　　（M 3.69）
　　・英語を勉強する仲間を作る。　　　　　　　　　　　　（M 2.73）
　　・楽しんで、英語の小説を読んだり、手紙を書いたりする。（M 3.40）

(4)　第4因子：学習環境設定ストラテジー
　　・英語学習において、間違いを恐れないように自分を励ます。（M 2.79）
　　・英語を使う時に自信がない時、リラックスするようにする。（M 2.80）
　　・新しい単語を覚えるのにテキストに出てきた箇所や、
　　　授業中の板書の位置などを手掛かりにする。　　　　　（M 2.54）

(5) 第5因子・語彙補償ストラテジー
- 一語、一語、日本語訳をしない。 (M 2.74)
- 英語を読む時に、新しい単語を一つ一つ辞書で調べない。 (M 3.11)
- 単語が思いつかなかった時、知っている語で言い換えたり、新しい語を作ったりする。 (M 2.34)

　これらの結果をみると、3つ目の因子である「自発的ストラテジー」が学習者に一番多く使われていました。この因子の項目として、「教師への質問」、「スピーチ大会やパーティーといった授業外での英語学習の参加」、「勉強仲間を作る」、「楽しんで小説を読んだり手紙を書く」があり、授業外でも自分から積極的に英語を用いる機会を求めていることが分かります。こうしたことは英語学習の楽しみにもつながり、動機づけが高くなると考えられます。

　こうした結果から、今回の大学生たちは授業外にも自発的に英語を学習しようとする態度が見られます。ただし、自律的学習のレベルには至っておらず、仲間や教師への依存性が見られるのも事実です。さらに自分たちが学習しやすい環境を作り出そうとしている点や、意味の理解を補う語彙補償ストラテジーは使おうとしているが、話し相手に対する対面式のコミュニケーションは取り入れようとせず、苦手としていることが分かりました。

　このように学習者のストラテジーには色々な側面から分析してみることが可能です。自分により合ったよりよい方法を見つけることが、学習の成功への第一歩と言えます。

2 e-learningにおける学習行動
学習者はどのように教材を使っているか

2.1 ビデオキャプチャーソフトウェアによる学習行動の分析

　最近の大学の語学プログラムでは、ほとんどが何らかの形で、e-learningやCALL（Computer Assisted Language Learning: コンピュータを使った語学学習）を取り入れています。映像や音声、練習問題とそれに対する即時フィードバックなど様々なメディアや機能を合わせ持つインタラクティブな教材は、本だけで学ぶよりずっと興味深く思われますし、市販教材でなくとも、インターネットを利用すれば、様々な英語の「生きた教材」が無料で簡単に入手できるのですから、これを利用しない手はありません。何より、e-learningは学習者がいつでもどこでも、それぞれ自分のペースに合わせて学習できるという利点もあります。タブレットコンピュータやスマートフォンが急速に普及しており、e-learning教材を使っての学習機会は今後ますます増加すると思われます。

　ただし、みなさんもお気付きのように、e-learningはかなりの自律性を必要とします。勉強をしよう、やりとげようとするためには強い「やる気」が必要ですし、それを実際に行動に移し、教材をうまく使って学ぶストラテジーも求められます。「いつでもどこでも自分のペースで」という自由がきく分、余計に自分の学習をコントロールすることが求められるというわけです。したがって、e-learningの普及とともに、どのような教材内容が適切かだけではなく、どのように利用すればよい学習成果があげられるのか、教員はどのように学習を支援することができるのかということについての研究が必要となってきています。また、その前提として、学習者が一体どのようにe-learning教材を使って学んでいるのかという実態についてもよりよく理解する必要があります。

　学習者がどのように学んでいるのかを知るためには、質問紙による調査、観察、インタビュー調査といった質的方法と、実際の行動を計測して数値化するなどの量的方法が用いられます。学習者がどれだけ目標に到達したかについての自己認識は、質問紙による自己申告であっても比較的正確に

実態を表しているという研究報告がある一方で、学習者がいろいろなストラテジーを使ったかどうかについては、自己申告の方が実際の行動より高く報告されていると指摘する研究もあります。反対に、量的調査だけでは明らかにできない点も多く、インタビュー調査などの質的調査で得られる情報も重要となります。

私たちの研究では、2011年に大学生53人が市販のe-learning教材を用いて学習する様子を許可を得て録画し、教材の各ユニットの学習に費やす学習時間や練習問題の正解率、間違いの際の修正行動を数値化することにより、学生がどのように学習しているのかということを掴もうとしました。さらに、録画ビデオを見直しての行動観察や、グループインタビューを実施し、数値だけでは分からない情報を得ることにしました。

この調査は、ロングマンイングリッシュインタラクティブ（LEI）というオンライン教材を利用した通常の大学の授業を利用して行われました。LEIには習熟度別に数段階のレベルがありますが、今回対象としたのはLEI1とLEI2を利用する初級レベルの学生53人です。LEIは1つの学習ユニットごとに学習目標に沿った内容について、リスニング、発音、スピーキング、単語、文法、リーディング、ライティングなど、英語の4技能が豊富な練習問題を行うことで身につくという教材です。学習者が一人で学べるように、文法の説明や、辞書機能、練習問題には採点機能などが備わっており、発音やスピーキングについても、動画を見ながら自分の発話を録音し、聞き直すなど、一人で学習するための工夫が盛り込まれています。

ここでは、特にリスニングと文法セクションの取り組み方の様子と、学習目標などを立てるためのツールの利用、リスニングセクションでの英語や日本語訳のトランスクリプト（リスニングの発話内容を文字で記載したもの）の利用頻度などの支援機能の利用について得た結果について述べていきます。

2.2 調査項目

まず、この研究で明らかにしたかったことと、それに関係するソフトウェアの各機能について簡単に紹介します。

①学習計画を立てるための機能を利用しているか

　LEIには、各ユニットの最初に「ユニットサマリー」、「学習目標」と題されたページがあり、学習者がこのタイトルをクリックすると、それぞれのユニットで習得すべき文法項目やリスニングをするにあたっての聞き取るべき課題、習得すべきボキャブラリーなどがリストアップされています。授業開始の4月には、教員がこうした機能について説明し、自分の学習目標を明らかにして学習計画を立てるようにと指示します。しかし、実際にはどのくらいの学生がこうした機能を利用しているのでしょうか。

②リスニングセクションの学習行動はどのようであるか

　リスニングセクションは、動画とそれを見聞きしてから内容理解を確認するためのいくつかの練習問題が置かれています。練習問題は、選択問題、ドラッグ＆ドロップで解答するもの等があります。学生はリスニング問題にきちんと取り組んでいるのでしょうか。どのくらいの時間を費やしているのでしょうか。また問題で間違った時、間違いを直しているのでしょうか。その際、動画を開いて音声を聞き直しているのでしょうか。

③文法セクションでの学習行動はどのようであるか

　文法セクションは、はじめに文法の説明ページが置かれていて、学習者は説明を読むだけで済ますこともできますが、サウンドファイルをクリックすると、音声で説明があるだけでなく、重要な文法項目が色づけされるのでより分かりやすくなります。その後、説明があった文法項目について理解度を測るような練習問題が置かれています。さて、学習者はきちんと説明を読んでいるのでしょうか。また文法問題への取り組みはどのようでしょうか。最後までやり遂げているのでしょうか。間違った際には自分で訂正をするのでしょうか。

④学習ヘルプ機能の利用について

リスニングセクションには、英語、または日本語（あるいはその他の言語）のトランスクリプト機能があります。リスニングで分かりにくい時は、英語のトランスクリプトを開けて発話内容を文字で確かめることができますし、日本語のトランスクリプトを読めば意味も理解できます。また、トランスクリプトには辞書機能もついており、マークされた単語をクリックするとその単語の定義が書かれたページを読むことができますし、この他にもいつでも辞書機能を開けて単語を確認することができます。また、リスニングの内容の中には、文化的な理解がないと分かりづらい内容もあるため、各リスニングの部分には「カルチャーノート」という短い解説が記載されています。学習者は「カルチャーノート」と書かれたボタンをクリックすることでこれを読むことができます。この他にもいくつかのヘルプ機能はありますが、ここでは特にこのトランスクリプト、辞書機能、カルチャーノートの利用という３つのヘルプ機能の利用について注目しました。学生はこうしたヘルプ機能を使っているのでしょうか。どの機能を最も多く使っているのでしょうか。それは何故なのでしょうか。

2.3　結果
(1)　学習計画を立てるための機能を利用しているか
　この機能を利用した学生はなんとたったの一人、それも複数回の学習機会の中の１回だけでした。インタビューでなぜ「ユニットサマリー」や「学習目標」を開かないのかと尋ねたところ、そうした機能自体があることを知らなかったと答えた学生が大勢いました。実際はおそらくはじめの授業で教わっているにも関わらずです。今から始めるユニットでそれぞれ何を学ぶのかということを確認し自分の学習目標を明確にすることは、学習効果を上げるためには有効で必要な学習ストラテジーとされていますが、この結果からは、学習者はこうしたストラテジーは使っていないということになります。もちろん「『学習目標』のページを開くこと」＝「学習計画を立てている」とは言えませんが、インタビューで尋ねてみても、事前に学習目標を考えてみるというよりは、実際に練習問題を解きながら何を勉

強しているのかと考えてみるというような行動が明らかになりました。

　ただし、この「学習目標」や「ユニットサマリー」というのは、LEIの機能の中でも、あまり興味をそそるようなものではありません。単に目標や目的が文字で並べられているだけなので、学習者がこのページに注意が向かないのも理解できます。この研究結果が明らかになった後に、授業の中で学習者に課している「Learning Journal（巻末の資料５）」の最初の欄に、各ユニットで設定されている学習目標を記載するように指導したところ、学習者はこのオンラインのページを確認するようになり、結果的に自分が何を習得すべきかを意識するようになりました。

⑵　リスニングセクションの学習行動はどのようであるか

　リスニングセクションの練習問題については、学習者の半数は一度目の挑戦で全問正解を得ますが、残りの半数は少なくとも一つは誤答するのでやり直しが必要となります。やり直したかどうかは成績には関係しないのでそのまま放置することも可能ですが、そのうちの96％の学生は再度チャレンジをしていました。ただし、もう一度動画を再生して解答した人は42％で、54％はそのまま訂正だけを行っていました。こうして間違いを直すことで、74％は全問正解となっていました。ここでまた間違いがあった場合は、今度は解答欄が一度クリアされ、すべてはじめからやり直すかあるいは間違いはそのままにして別の課題に進むことができます。そのせいか二回目の訂正をする人は89％に減りますが、それでも多くの学習者は自分の間違いを訂正しようすることが分かります。

　ところで、解答方法は多くが選択式です。間違いに気がついた時どのように別の解答を選ぶのでしょうか。もう一度聞き直して解答を選ぶ人も半数弱いましたが、そうでない学生はどのように解答を得ようとするのでしょうか。インタビューで尋ねたところ、選択式のためどうしても残りの解答から選んでしまいがちな点は認めつつ、選択肢を再度読むことで、間違いは何であったのかを考えて別の解答を選ぶ、あるいは最初の解答時にどちらにするか迷っていたという場合は、その迷っていた方を選択するという行動の背景が分かりました。

⑶　文法セクションでの学習行動はどのようであるか。

　文法の練習問題では34％の学生が最初の解答で満点を取りますが、64.5％は何らかの間違いをします。その後の行動としてはリスニングとほぼ同様、95％は訂正を行っていました。訂正時には、61％の学生が満点を得ますが、40％の学生はまた間違います。この場合、一旦正解した解答もすべて一度クリアされ、はじめからやり直すか、あるいは別の課題に進むことができますが、88％の学生は再度訂正することを選びました。

　文法の練習問題の分量はリスニングよりやや多めです。また多肢選択問題だけではなく、タイプして書き込んだり、いくつか余分に単語が与えられた選択群の中からドラッグ＆ドロップで解答しなければならない場合もあるため、答えをすべてクリアして一からやり直しをするのが苦痛だと思う学生もあるようです。それでも比較的多数の学生は特に教員から指導されなくても間違い訂正を自ら行っているようです。

　一方、文法問題を開始する前には、それぞれの文法項目についての説明を読んだり聞いたりするセクションが置かれています。こうした部分はなかなか丁寧に取り組むということはできないようで、80％の学生が最初の１ページ目は開けて音声も聞くものの、２ページ、３ページと、ページが進むごとにきちんと読む人はどんどん減ってきます。なぜ説明を読まないのかと尋ねると、音声が流れるのを待つだけでも随分と時間がかかり、いらいらする、授業内では他にもすることが多いのでできるだけ早く練習問題を終わらせたいからというような返答がありました。さらに、既によく知っている文法項目については時間を取らず飛ばすという回答もあります。

　学生にとっては、説明を読み聞くという受動的で、自己コントロールを要する作業よりは、練習問題を解くというような能動的に関わることができ、すぐに正しい解答が得られる作業のほうがやりやすいということでしょうか。

⑷　学習ヘルプ機能の利用について

　学習ヘルプ機能についてもあまり頻繁には活用していないことが分かり

ました。リスニングセクションの会話は、時にしてその文化が分からないと理解できないこともあります。たとえば、ビデオで登場人物が見せるボディーランゲージがどういう意味かということが「カルチャーノート」と呼ばれるヘルプ機能には書かれていますが、この機能が利用された件数は合計335回のリスニング練習のうちわずか22件でした。もちろん、この部分を開かなくても内容が理解できる学習者もいるはずですから、必ず開かねばならないということではありません。リスニングの際に英語のトランスクリプトが開かれたのは、同じく22回、日本語訳のトランスクリプトが利用されたのは2回でした。英語のトランスクリプトは、どうしても聞き取りができないという時に開くという回答がありましたが、日本語のトランスクリプトについては、そうした機能があることに気が付かなかったという回答が多くありました。学習中に辞書機能を利用した回数は、リスニングセクションで17回、文法セクションでは19回でした。実はソフトウェア内に備え付けられた辞書機能を利用した学生は2、3人だけで、あとはみなポップアップ辞書（ウェブページの英語にマウスを当てると意味が出てくる機能を持つ辞書）の利用者でした。ソフトウェアの辞書は、定義が英語で書かれているので、それを使うより手軽なポップアップ辞書を用いて手早く意味を理解しようとしていることが分かりました。

2.4　考察とまとめ

　データからは、学習者は自分がすぐに取りかかることができて結果が明らかになる練習問題にはかなりまじめに取り組む様子が明らかになりました。練習問題の間違いを修正することはこのe-learningでは必須ではないとしても、80％を超える学生は全問正解を得るまで修正を繰り返します。これはこれまで外国で行われてきた先行研究の結果と一致しています。たとえば Heift（2002）はカナダの大学でドイツ語をe-learningで学ぶ学生の様子を数値化し、大多数の学生は真剣に課題に取り組んでいるという結果を報告しています。今回の日本の大学生もカナダの大学生も、同じように単位取得のために語学科目を履修しそのために必要なe-learningを行っているので、まじめに学習するのは当然かもしれませんから、これはすべて

の学習者に当てはまるわけではありません。しかし、ある程度の傾向を示しているといえます。
　またインタビュー調査からは、学生が特にリスニングの練習を好むことが分かりました。文法の練習問題と比べると問題数が少なく解答にあまり時間を要しない点、またシンプルな解答方法である点などが気楽に取り組める要因であると考えられます。文法問題で一つでも間違うと全部はじめからやり直すことを「いやでいやでたまらなかった」と答えた学生もいました。
　問題をやればすぐにフィードバックが得られるような言わば双方的な練習は意欲的に取り組むけれども、一方で、読むことのみが要求されるような場合（学習目標、文法説明を読む）、学習者の多くは消極的な取り組み方を見せることも分かりました。また、学習支援機能の利用も少なかったのですが、これらについては注意深く考察する必要があります。例えば、日本以外で行われた先行研究では、学習者のレベル（上級、中級、初級）でグループを分け学習機能の利用頻度を計測したものがありますが、そういった研究では初級者の方が上級者と比べて学習支援機能を利用する頻度が高いという傾向が明らかにされています（たとえば Chapelle & Mizuno 1989; Liou 1995; Heift 2002）。さらに、いつ、どの学習支援機能を使うかという点でも、初級者レベルの学習者は計画性が乏しくランダムに利用していることが指摘されました。また、解答に至る過程においても、初級者の場合、答えが分からない時にすぐにヘルプ機能や解答の「覗き見」をするという傾向がうかがえましたが、上級者はできるだけ自力で解答をすることも報告されています。
　残念ながら、今回の日本の大学生のケースでは授業登録者の数などの都合でレベル別の統計的な比較を行うことができませんでした。しかし、英語の成績のよい学習者の学習状況とあまり成績の振るわない学生の様子をビデオでよく観察したところ、なるほどと思えるような典型的な様子が観察されました。まず、成績のよい学習者のリスニング練習の様子を見ると、はじめに「カルチャーノート」を開き、背景を理解してから、動画ボタンを押します。そしてリスニングをした後に問題を解くということが行われ

ています。特に注意深い学習者になると、すべての練習が終了し満点がでてから、英語のトランスクリプトを開いて確認するような作業が見て取れました。また、文法の説明も始めからよく読み、音声による説明を聞き、それから練習問題に取り組んでいることも分かりました。さらに解答を終え満点が出てから、必要であれば文法説明のセクションに戻って再度確認をしている様子も明らかとなりました。

　一方、英語の成績が伸び悩む学習者の様子を観察すると、インターネットで音楽を聞きながら学習するという行動が見られました。また、トランスクリプトをよく活用する学生もいましたが、リスニングの練習なのに音声部分を文字で読むことで内容を理解しようとしている様子が見られました。さらに、文法の説明については、十分に説明を読むこともなく練習問題を開始しますが、結局多く間違いがあり、答えがわからずに説明に戻るという行動も見られました。はじめに述べたように、e-learningは自律的な学習態度を必要とします。そこには、1章で見たOxfordの間接ストラテジーの1分類である「メタ認知ストラテジー」、すなわち、自分が理解している様子を自分で把握（モニター）するための学習方法を用いることが不可欠です。また「自己調整学習」と呼ばれる学習理論がありますが、この考え方も効果的な学習は、まず自分の学習目標の設定を行ってその目標に向かう学習の状況をモニターするという、高いメタ認知能力が求められるというものです。e-learningにおいては、ただ問題を解くというだけではなく、自分で教材のそれぞれの単元で何ができるようになるかということを理解する、何が分かっていて、何が分かっていないのかを掴む、いつどういう学習支援機能を使えばよいのかを考えて学習することが必要なのです。

　そもそもメタ認知能力が高い学習者だから語学の成績が良いのだと言ってしまうこともできますが、これまでの研究でメタ認知能力や自己調整能力はトレーニングによって向上させることができるという結果もでてきています。e-learning、特に語学学習に焦点を当てたCALLの分野では、教師は学習者が誰でもすぐにコンピュータを使って学べるものという前提を捨て、どのように使えばより良く学べるかを研究し、教えていく必要があ

るという声が強くなっています。同時に教材ソフトウェアそのものについても見直しが必要になってきます。例えばメタ認知能力を向上させるような仕組みのあるプログラムを開発することももっと考えられてもよいと思います。

　もちろんe-learningはメタ認知能力さえ向上すればうまくできるようになるものではありません。Oxfordのストラテジーにもあったように、気持ちや環境、学習仲間同士の交流など、他の要素に影響されることも多くあります。最近では、学習状況をソーシャルネットワークのアカウントを用いて報告しあったり、励まし合ったりするような、オンライン上の「社会的ストラテジー」というような方法も取り入れられています。今後はコンピュータだけではなく、より手軽なタブレットやスマートフォンを利用したe-learningが増えてくるはずです。学習者が効果的に学べるような方法をもっと研究し、それを教授するe-learningの教育方法の改善に向けて、今回取り入れた学習行動の質的分析を継続的に行い、客観的データの蓄積を続けていきたいと考えています。

3　e-learningを心理学の立場から考える

　本章では、心理学の立場からe-learningを考えてみます。皆さんが新しいe-learningを始める時を想像してください。目の前には何やら複雑そうな画面が出ています。まずこの画面で自分が何をすれば良いのか分かりません。学習に役立つように作られた学習支援機能も、初めて見る画面の中では理解の妨げになります。目の前の多数のボタンの中から、一体どれを押せば、ご褒美が出てくるのか、知りたいところです。ご褒美とは、正解を知らせるメッセージかもしれないし、点数やコメントかもしれません。不正解でも、とりあえず反応が返ってくる方が、まだましな気分になります。次に何をすれば良いのかの手がかりになるからです。

　この場面で、学習者の認知機能はフル回転しています。新しい状況に適応することは脳にとって負担の大きな作業なので、長時間は続けられません。何をしても手がかりが得られず、行き止まりになる時もあります。そんな時には、自分はこの状況に適応できないのだという気分になって学習をやめたくなるでしょう。でも何をすればよいのか理解さえできれば、次に何が起こるのか見たいと思う素直な気持ちがわいてきます。

　自分の置かれた状況が理解できると、今度は不正解では満足できなくなります。自分がやったことに対して「良くできました」との反応があれば嬉しくなり、間違いと言われれば、がっかりします。これは、人間の基本的な欲望をつかさどるドーパミンの作用です。ご褒美がもらえるとドーパミンが増えて意欲が上がりますが、何をしてもご褒美がもらえない状態が続くと、ドーパミンレベルが低下します。そのため、調子よく解答しているうちは、どんどん進みますが、間違いが増えてくるとやめてしまいたくなります。ここで、あきらめずに持続して学習を続けられるかどうかが、成功する学習者への道になります。うまくできない課題こそ、あなたが学習しなければならない課題だからです。

　さて、2章でみた学習者たちは、どういう学習の過程をたどっていたでしょうか。e-learning英語学習過程に見られる特徴を俯瞰してみましょう。

3.1　学習行動の分析

　2章では、コンピュータ画面を録画し解析した学習行動記録から、オンライン教材を利用する学習者の行動を詳細に見てきました。その結果、いくつかの興味深い結果が指摘されました。例えば、学習目標を確認するように授業で指示されていても、実際にはあまり利用されず、そのような機能があったことさえ知らない学習者もいました。e-learningには、学習に困った時に助けてくれる仕掛けが用意されているのですが、それを積極的に利用するところまではなかなかいかないようです。これまで教える側が経験的に気付いていたことが、2章で見たように、私たちの研究で客観的データとして得られています。

　一方で、学習者は自らの間違いを訂正することには真面目に取り組んでいました。学習者は教材の練習問題については、おおよそ与えられた順序に従って消化します。2章で見たように、リスニングと文法の練習問題では、解答後に誤答と示された場合は、ほぼ全員が訂正を行っています。文法についても、ほぼ全員が正答にたどり着くまで何度か解答を試みる様子が見られました。おそらく、通常の紙媒体による練習問題や試験で間違いを見つけても、これほど熱心には学習に取り組まないでしょうから、e-learningによって私たちは熱意のある学習者になれるとも言えます。e-learningにおいて私たちは、目標すら確認しない怠惰な面もあれば、全問正解に至るまで熱心に繰り返す勤勉な面も見せるのです。では、そんな私たちが効果的にe-learningを利用するにはどうすればよいのでしょうか。

(1) 方法と結果

　ロングマンイングリッシュインタラクティブ（LEI）には、各セクションごとに学習した内容が理解できているかどうかの練習問題が置かれていました。この練習問題でよい成績を収めた学習者が、どのように教材の色々な機能や問題を消化していったのか、その方法や過程を見ることにしましょう。

　それぞれのLEIは英語の4技能を伸ばす目的で設計され、各ユニットに文法、語彙、スピーキング、発音、リーディング、ライティングのセクショ

ンがあります。リスニングの際は動画とともに、英語、日本語のトランスクリプト（書き起こし）が備えられています。文法のセクションは、文法説明を読みながら、英語で音声を聞き、その後文法問題を解くようになっています。今回、分析に用いた学習行動記録は、以下の①から⑦の項目になります。それぞれ、秒単位で記録が行われました。それらに加えて各練習問題の成績（⑧と⑨）を学習の効果性を示す指標としました。

①各単元の概要や学習目標、辞書などの学習支援機能を利用した時間
②リスニング課題に費やした時間
③リスニング英語スクリプト（正解）を読んでいた時間
④文法練習問題を解いた問題数
⑤文法練習問題に費やした時間
⑥文法説明の動画を聞いたり説明文を読んだりしていた時間
⑦スピーキング練習に費やした時間
⑧各文法練習問題に初めて取り組んだ時の成績
⑨各リスニング問題に初めて取り組んだ時の成績

　以下、第３章の文中に示す丸番号は、この指標番号を示しています。

　録画記録は授業開始直後の４月から５月にかけて、そしてその数週間後の２回に分けて行われました。その間には、教材ソフトの利用について教える「訓練」が学習者に対して行われています。ここでは便宜的に、最初の録画を前期、次の録画を後期と呼ぶことにします。２回の録画の対象者は同じ学習者です。ただし、授業を欠席したり、録画上の問題で調査対象から外したデータもありますので、全く同数というわけではありません。

　今回の学習者は２章で見たようにLEI1、LEI2と呼ばれる２つのレベルを利用しています。LEI1よりLEI2の方が学習も進んで難しくなっていますので、以下の分析では、LEI1を用いた学習記録を難易度低群、LEI2を用いた学習記録を難易度高群とします。以下に示す図２から図５では、点線で表されたグループは低群、実線で表されたグループは高群であることを示しています。

(2) 文法説明に費やした時間と成績

　まず、図2をご覧ください。縦軸は文法説明を読んで内容を聞くのに費やした総時間（⑥）を示しています。縦軸の数字は秒数です。点線グラフ(LEI1使用者：難易度低群)より実線グラフ(LEI2使用者：難易度高群)の方が、文法学習時間が長い傾向がありますが、その差に統計的な有意性はありません。一方、トレーニング前の「前期」からトレーニング後の「後期」にかけて、低群、高群両グループの学習者とも、学習時間が伸びており、この差は、統計的に有意なものでした。トレーニングの効果が出ているようです。

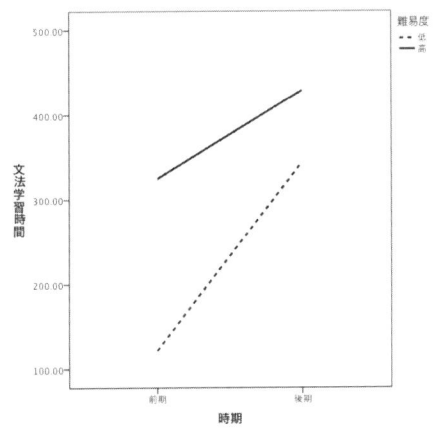

図2　学習者レベル別の文法説明に費やした時間

　では、文法の成績（⑧）はどうでしょうか。図3をご覧ください。ここでの縦軸の文法成績とは最初に練習問題を行った際の正解率を示しています。0から1までで示しており、100％の正解率なら1となります。図3が示すように、残念ながらトレーニング前の前期からトレーニング後の後期へと時間を経るごとに両学習者とも正答率が下がっています。問題が段階的に難しくなってきたことが原因と推測されます。この時期による成績の落ち込みは、統計的に有意なものでした。難易度による差は統計的には有意なものではありません。

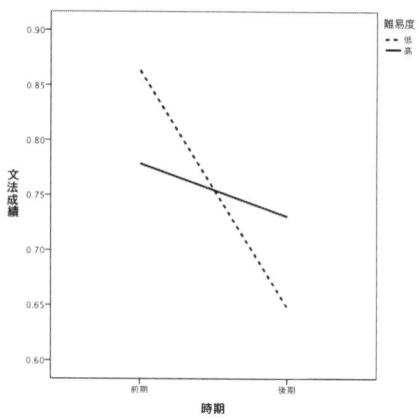

図3　学習レベル別文法成績

(3) 学習時間と成績（リスニング）

　リスニングはどうでしょうか。図4に、リスニング課題に費した時間（②）、図5にリスニングの成績（⑨）を示します。まず図4の学習時間を見てみましょう。両グループとも時間を追うごとに、学習時間はより長くなっています。これは文法と同じく、統計的に有意な延びでした。難易度による差は統計的に有意なものではありません。

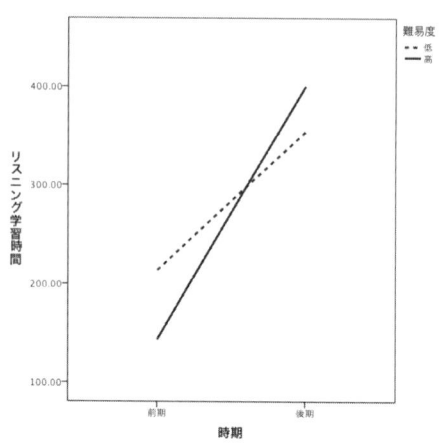

図4　学習レベル別リスニング学習時間

成績についてみましょう（図5）。難易度低群は学習時間の延びに応じて成績を伸びているように見えますが、統計的には有意なものではなく、リスニングの成績は上がったとも下がったとも言えません。

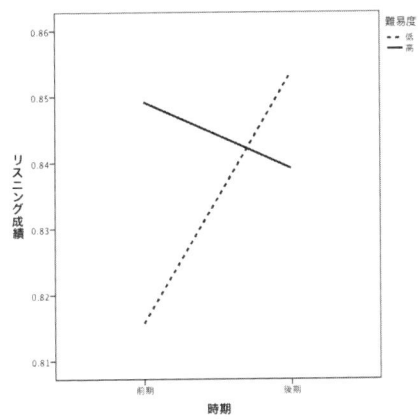

図5　学習レベル別リスニング成績

⑷　学習時間と成績からわかること
　以上の結果から、前期から後期にかけて学習時間が伸びていたことが明らかにされました。これは、全体的に難易度が上がることに加え、前期と後期の間に実施されたトレーニングの効果ともいえるでしょう。しかし、このような努力にもかかわらず、成績は上がっていません。学習を積み重ねるためには、適宜解説を読む必要があるのですが、どうやらその方向にはなかなか意欲が向かないようです。多くの学習者は文法説明の部分を素通りして、すぐに練習問題に取りかかります。誤った場合も、説明の部分に戻る学習者は少ないものです。では、効果的な学習者はどのように学習をしていたのでしょうか。次に、成績が高い学習者がどのような学習プロセスをたどっていたのかについて、探索的に分析をしてみましょう。

3.2　学習行動過程のモデル
　先の分析では、難易度と時期が学習成績や時間に及ぼす効果を検討しま

したが、e-learningにかけた時間が学力を伸ばすという証拠は見つかりませんでした。しかし、様々な学習過程を介してみれば好成績に至るルートが見つかるかもしれません。そこで、3．1（1）に示した①から⑨すべての指標を用いて「パス解析」という分析を行い、好成績に至る学習過程の因果関係を調べてみました。

　文法学習モデルを図6、リスニング学習モデルを図7に示します。多くのモデルを試した上で、もっとも当てはまりのよいモデルを掲載しています。成績は、いずれも初めて問題に取りくんだ時の成績です。図中に示された$x2$乗値などの数値は、モデルの当てはまりの良さを示しています。→（矢印）の上には、影響の強さを示す数値（有意な偏回帰係数）が示されています。

　まず、図6をご覧ください。「文法成績⑧」、「文法学習時間⑥」、「文法解答数④」そして「難易度」の4つの項目が文法の成績に影響する要因として残されました。その中でも、文法の成績（⑧）に直接に影響を与えていたのは、文法学習時間（⑥）でした。文法練習問題を解いていた時間（⑤）は直接関係せず、練習問題の解答数（④）が、文法学習時間（⑥）に影響しています。この結果から言えることは、難易度が上がると練習問題をたくさん解いてはいますが、やみくもに練習問題に時間をかけても効果は上がらない、ということでしょう。しかし、その状況で文法説明を読む必要性に気がついた学習者は、力をつけていくことができたようです。

　リスニングはどうでしょうか。図7をご覧ください。リスニングについては、不思議なことに、「難易度」は直接影響せず、「スピーキング練習に費やした時間」（⑥）を介して影響を与えていました。発声とともに聴覚の練習をすればリスニング力が上がるのかもしれません。ただし、その効果は小さなものでした。大きな効果としては、前期から後期にかけて、リスニング課題に取り組んだ時間（②）が伸びており、最終的にリスニングの成績（⑨）を上げています。ただし、課題に取り組んだ時間が直接リスニングの成績を上げるわけではなく、リスニングの正解であるスクリプトを読んでいた時間（③：図の「リスニング回答参照時間」）を媒介した効果となっています。リスニングについても、やみくもに問題を解いていても

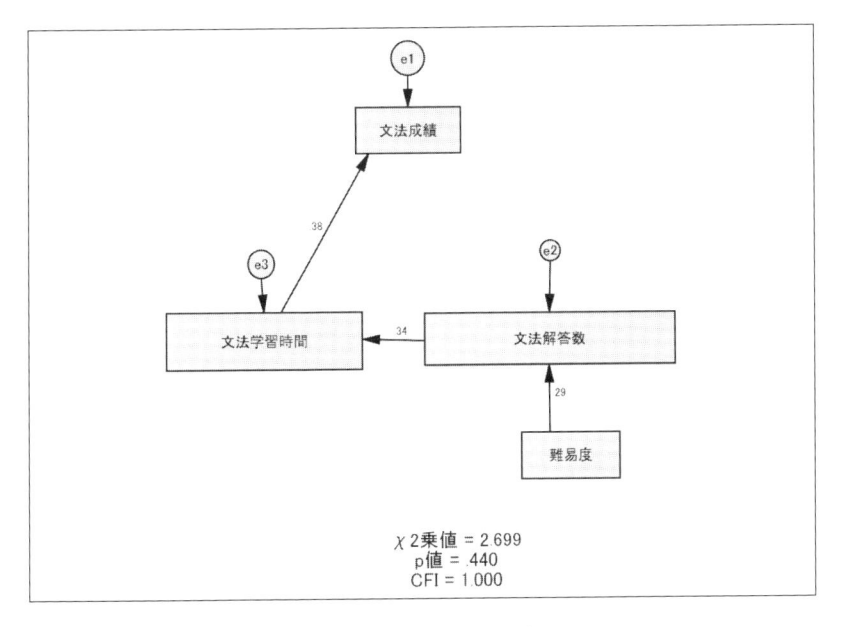

図6　文法学習過程モデル

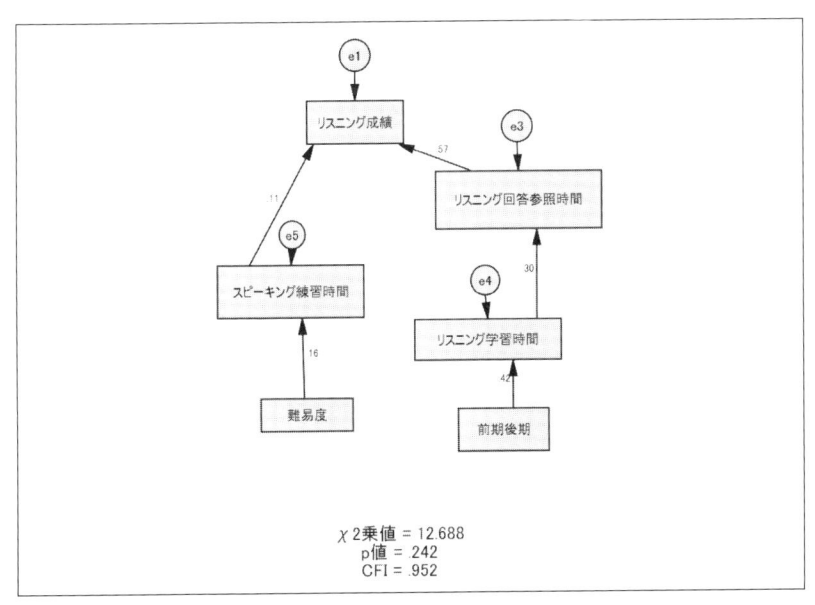

図7　リスニング学習過程モデル

e-learningを心理学の立場から考える　29

効果はあげられず、視覚的に正解を確認していた学習者が、徐々にリスニング能力を上げられるのかもしれません。

3.3 まとめ

　文法学習では、文法説明を読むことが効果的な学習方法であったにもかかわらず、その機能を十分に使わないまま問題を消化することに時間を使う学習者が多かったようです。その結果、前期から後期にかけて学習時間が延びても成績が落ちる結果になっていました。同様に、リスニングにおいても、前期から後期にかけて学習時間が延びても成績は伸びていません。どちらの場合も、問題を解くだけでは成績が上がらないのですが、学習者はなかなかそこには気がつかないようです。なぜなのでしょうか。

　脳が働くためには莫大なエネルギーを要します。私たちは、生きていくためには、できるだけエネルギーを使わずにすむ方法を、無意識のうちに選択するようにできています。いったんご褒美をもらえる方法を理解して、適度な確率でご褒美が出続けると、夢中になって続けたくなります。この時の脳全体はあまり活発に働かず、必要な部分だけ稼働させています。わかりやすい例として、高度な技を繰り出しているゲーマーの脳は、無我の境地になっており、別の課題に注意を振り向ける時に必要なコントロールセンターはほとんど働いていません。e-learningに置き換えると、正解というご褒美につられて目の前の問題を次々解くことだけに集中している状態です。

　文法の説明を読むような作業は、それだけなら簡単な作業であっても、ご褒美が出てくる作業を中断して注意を振り向けねばならないと、煩わしさが際立つことになります。調子よく続けていた刺激と反応のループを停止して、次にどの課題に移るべきかを決めることは、脳にとってはエネルギーを要する負担の重い作業だからです。

　最近のe-learning教材には、動画・画像、音声、学習者の発声など、さまざまな媒体による学習支援機能や、他者との対話形式の練習といった工夫が試みられています。しかし、これが学習者の注意を分散させ、学習の流れを途切れさせ、記憶の固定化を阻害する原因になります。これをゲー

ムのように常に適切な確率でご褒美がもらえるように教材に設計することも可能でしょう。しかし、ゲーム脳のような状態では難易度の高い学習に必要な知識を習得することはできないかもしれません。学習者の注意を分散することなく、同時に、学習者の興味を引き付けるような教材開発を、これから時間をかけて考えなければいけない時に来ています。

　私たちの脳は、お猿さんから受け継いだものです。不正解が続くとやめてしまいたくなるのも、鬱状態になるのを避けるという意味では生きていく上で正しい戦略です。しかし、これはお猿さんのレベルでは正しい戦略であっても、人間として社会に生きるには、もはや正しい戦略ではないですね。正しい戦略を取るには、ご褒美をもらえるまで待つ期間をもう少し長く取る必要があります。すぐに反応をもらえない課題にもがんばって取り組めば、結果的に成績が上がり遠い将来にご褒美を得ることができます。このことは、誰でも理解してはいるのですが、e-learning学習者は頭で理解していてもなかなか実行できないところが問題です。目の前の出された刺激と反応に注意が集中して、そのまま脳の報酬システムにとらわれてしまうからです。

　e-learning教材は、学習者に最適なコンテンツを自動提供するアダプティブ・ラーニングのような、学習者の自律性がなくとも学習が進められるプログラムに進化していくことが予想されます。しかし、プログラムの刺激に反応するだけの学習者になってしまっては、私たちはロボットと同じような存在になってしまうでしょう。e-learning教材には大いに利用価値があります。それを賢く利用する能力を自分で育ててきましょう。本書には、自分の学習状況を確認する方法が掲載されています。本書の読者が自身で目標を定め、その目標に至る道を自覚的に選択できる自律的学習者になることを願っています。

4　英語学習および授業のためのウェブサイト

　1960年代後半のアメリカで私がまだ中学生だったころ、第二外国語としてフランス語を勉強することになりました。教科書にはスライド映写機と補助教材がついていました。スライド映写機というのは静止画を一枚ずつスクリーンに映す装置で、自動的に動くわけではありません。教室の前には音声を流すためのレコードプレイヤーが、そして後方には映写機が置かれていたので、フランス語のエディ先生は、教室を行ったり来たりしないといけませんでした。先生は、まず映写機に最初のスライドを設置して、そしてレコードプレイヤーの置いてある場所に急いで、フランス語の会話の音声を流したのでした。学習箇所によっては、5つか6つの会話シーンがあったので、一度の授業にかなりの量を練習をしたものです。私の父の両親はフランス系カナダ人だったので、父の両親はよくフランス語を話していました。ですから両親は私にぜひともフランス語を勉強してほしいと思っていて、自宅学習用にと、45回転のフランス語学習レコードを買ってくれました。当時、スライド映写機やレコードプレイヤー、レコードというのは、最新式のマルチメディア教材だったのです。

　そんな頃に比べれば、現代の教員や学習者はずっと多くの選択肢があり、インターネットやコンピュータを利用すれば、びっくりするくらいたくさんの教材が利用できるようになっています。むしろそのせいで、一体どのウェブサイトがいいのか、どのような教材を使って勉強したらいいのかを決めることが難しくなっているのではないでしょうか。そこでこの章では、まず、私自身が役に立つ、ためになると思ったウェブサイトを紹介します。次に、紹介したウェブサイト、あるいは皆さんが自分で見つけてきたウェブサイトが授業や学習に適当かどうかを判断するための基準を述べ、こうしたウェブサイトを有効に利用するためのストラテジーを紹介していきます。

4.1 ウェブサイト紹介

　語学学習のためのウェブサイトは数えきれないほどありますが、ここでは私が授業などで利用したことがあり、役に立ち、きちんと管理されていると思うものを紹介します。

　語学学習のためのウェブサイトを検索すると、文法やボキャブラリー、あるいは、リスニングやリーディングなど、聞いたり読んだりする時に理解ができる力に焦点を当てたものの方が、スピーキングやライティングのように実際に話したり、書いたりする時に使える力を取り扱うものより多いため、同様にここで紹介するサイトも前者が中心になっています。以下(1)から(6)に領域ごとに挙げます。なおそれぞれのURLは4.3に掲載していますので、そちらを参照して下さい。

(1) 文法

　文法関連のサイトはたくさんあり、一般的に、多肢選択式、穴埋め式、ドラッグ&ドロップ形式の練習問題があります。下記の4つのサイトは文法について広くに取り扱っています

①Learn English, Feel Good
　このウェブサイトは文法問題の広範囲にわたるリストを掲載しています。練習問題は文法項目とレベル別（beginner、intermediate、advanced）になっており、問題をPDFファイルでダウンロードすることも可能です。無料で登録不要です。

②Learning English Online
　上記のサイトと同様に、多くの文法問題のリストが掲載されており、レベルは6段階あります。文法説明もあり、いくつかの練習問題はPDFファイルでダウンロード可能です。無料で登録不要です。

③English Grammar Online 4U
　このサイトは、上記のLearning English Onlineのパートナーサイトで、同様の文法項目と、大量の文法問題と説明があります。文法の説明は学習者が内容を理解しやすいように図解されています。学習者の進度や弱点診

断のための文法テストもあります。練習問題はダウンロードできません。無料で登録不要です。

④English Grammar 101

こちらも練習問題と説明がありますが、アメリカ合衆国での利用を念頭に置いて作られています。そのため、**Learning English Online** や**English Grammar Online 4U** よりも、やや難解です。無料で利用でき、登録は不要ですが、有料プランを利用すれば、問題のダウンロードや学習者の学習進捗状況を確認することができるようになります。

(2) ボキャブラリー

(1)で取り上げた3つのサイトは、すべてボキャブラリーも取り扱っており、文法同様に練習問題で学べるようになっています。

①English Test Store

タイトルに"store"とありますが、お店ではありません。たくさんのボキャブラリーに関する練習問題（クイズ）が掲載されており、一つのクイズは10の多肢選択式の問題から構成されています。"Basic Vocabulary with 155 tests" と "TOEIC with 342 tests" がお勧めです。無料で登録不要ですが、登録すると学習進捗状況の確認ができます。また、オフラインでも利用可能なように、クイズはダウンロード可能です。

②Language Guide

Language Guideは 初級者向けにイラスト入りのボキャブラリーガイドを掲載しており、あいさつや時刻の表現なども取り上げています。イラストで単語が説明されており、カーソルをイラストにあわせると、単語を読み上げる音声機能もついています。単語クイズがついているページもあり、学習者は学習状況を自己診断できるようになっています。日本語によるインターフェイスを選択することも可能です。無料で登録不要です。

③English 4U

English 4U はボキャブラリーと文法の練習問題を取り扱っています。ボキャブラリークイズは、他とは異なり、意味についてテストするのではなく、ある名詞とよく使われる連語（コロケーション）、名詞と形容詞の組み

合わせ、句動詞などを問うタイプです。よく使われるコロケーションを知ることで、学習者は単語がどのように実際に使われるのかということを理解することができます。無料で登録不要です。

(3) リスニング

　英語のリスニングを勉強できるサイトは多数あります。多くのテレビ放送会社は、それぞれのウェブサイトに一部、あるいは全部のニュースをオンラインで観られるようにしています。また、ブリティッシュカウンシルやボイスオブアメリカは、それぞれイギリス政府、アメリカ政府の公的機関ですが、英語学習用のページを置いており、英語学習の素材が豊富です。特にブリティッシュカウンシルのウェブサイトは大変すばらしく、多くのリスニングアクティビティをはじめ、その他色々試してみるべき学習の素材が満載されています。ここでは４つのサイトを紹介しましょう。最初の２つはボトムアップ式（基本的なものから始めるタイプ）の練習で、後の２つは、多様なリスニング、理解度チェッククイズなどを含む、より一般的なタイプのものです．

①English Club

　English Club は、リスニング力をつけるためのニュースや、その他のリスニング練習のためのリンクを掲載しています。ディクテーション（聴き取って書く練習）は、長さによって初心者、中級者、上級者向けに３つのレベルがあり、レベル毎に10つのディクテーション問題があります。これらのディクテーションは、単語を知る、発音を知る、ということから始めてボトムアップ式にリスニング能力をつけることができるようになっています。また、音声の速度はノーマルと遅めがあります。学習者はまずノーマルな速度で音声を聞き、その後ゆっくりした音声を聞いて解答欄に解答をタイプしたあと、再度音声を聞いて自分の解答をチェックし、その後正解を見て答え合わせができるようになっています。登録はとくに必要ではありませんが、登録すれば、他に登録した学習仲間（スタディパル）とつながって、コミュニケーションをとることができます。無料です。

②EFL Net

EFL Net の"ComAudio"というカテゴリーには、多数のリスニングアクティビティが掲載されていて、全文を文字で読みながらリスニングするモードと、穴埋め式モード（cloze mode）が選択でできるようになっています。穴埋め式モードにすると、いくつかの単語が空欄となり、学習者は音声を聞きながら下線に単語を入れていくという練習ができます。テキストも、ポピュラーソングや、物語、詩などの選択肢があります。いくつかの穴埋め問題は印刷可能です。無料で登録不要です。

③Elllo

　Elllo（English Listening Lesson Library Online）は、日々リスニング素材を拡充している、最も優れたリスニングサイトの一つです。現在、1250ものリスニングアクティビティがあります。比較的最近追加された、音声だけのレッスン素材には、クイズ、音声のトランスクリプト（発話内容を文字化したもの）、重要単語の音声による説明などもついています。また、動画つきのレッスン素材には、英語の字幕、クイズ、トランスクリプトがついています。このサイトが素晴らしいのは、様々な英語のアクセントを持つ、いろいろな国のスピーカーが登場する点です。アメリカやイギリス、ニュージーランド、オーストラリアの英語母語話者もいれば、それ以外の国の人もいます。無料で登録不要です。

④ESL Cyber Listening

　ESL Cyber Listening はElllaほど大量のリスニング素材はありませんが、日常的なトピック（招待する、毎日の出来事や活動、場所を尋ねる等）について、150を超える素材があります。それぞれのリスニングは、学習者が練習を始める前にトピックについて考えさせるような事前学習（pre-listening activity）、理解度チェックのためのテストやボキャブラリーの練習、そしてトピックについて再度考えるような事後学習（post-listening activities）が付随しています。無料で登録不要です。

　(4) リーディング

　インターネット上にあるウェブページの半分は英語で書かれています（W3Techs, 2013）。ですからインターネットそのものが英語のリーディン

グ練習のための素材の宝庫と言えるでしょう。ウェブサイトの内容が、学習者の興味関心とレベルに合っていれば、学習に利用できる可能性があります。ほとんどすべての新聞はウェブ版がありますから、ぜひ利用してみましょう。一般的に、英語が公用語や第一言語の国々で出版される新聞は、そうでない国の英字新聞（たとえば日本の**Japan Times**）より、英文がずっと難しいでしょう。おすすめのウェブサイトリストに、日本で出版されている英字新聞と、英語学習者向けに書かれた英字新聞を掲載しています。また、リスニングのところで述べたように、ボイスオブアメリカとブリティッシュカウンシルは、リーディングについても多くの学習素材を提供していて、初心者から中級者レベルの学習者にも適切なものがあります。

⑸　スピーキングとライティング

　スピーキングやライティングといったアウトプットに関するスキル向上のためのサイトは実はあまり多くありません。しかし、英語母語話者の先生や、他の英語学習者、あるいは、他の言語を学んでいる英語を母語とする人などといっしょに学習できるような語学交換サイトはいくつかあります。たとえば英語を学んでいる日本人と日本語を学習しているアメリカ人がお互いにそれぞれの母語を教え合ったりするいわば「語学交換」をする場合、まずは、日本語で話して日本語を教える、その後英語で話して英語を教えてもらう、というふうに、順にそれぞれの言葉を学びあうことになります。こうしたサイトは登録が必要で、特に英語母語話者とのレッスンを希望する場合は有料の場合があります。有料サイトの場合は注意が必要です。なぜなら、こうした語学交換というものは強い責任感が必要で、自分の条件にあうパートナーを探すのは時間がかかりますし、時差のためにお互いのスケジュールを合わせるのもなかなか大変です。また、コンピュータや通信状況がいつもうまくいくというわけではありません。このような条件の中で学習するためにはそれなりの覚悟が必要だということです。Michelot（2013）は**Verbling**、**Italki**、**Shared Talk**という３つのサイトを勧めており（URLは付録に記載）、それぞれについて評価を行っています。**Italki**と**Shared Talk**は日本語の機能もあります。

最後に発音練習ができボキャブラリーを向上させることができるサイトをあげておきましょう。

(6) 発音練習とボキャブラリー
①English Central

　English Central は、コマーシャル、映画やドキュメンタリー番組、その他テレビ番組の1画面、語学学習教材等の動画をたくさん掲載しているサイトです。動画は1分から4分ほどで、初心者、中級者、上級者のレベル別になっています。学習者は動画を3度見ます。まずは、聞き取りを中心に行いますが、その過程で英語または日本語訳のトランスクリプトを見ながら聞くこともできます。次に、穴埋め問題に挑戦し最後に学習者がセリフを一部英語で話しそれを録音します。録音された自分の発音についてはすぐにサイトが評価をしてくれます。発音の評価判定は精密とはいえませんが、ビデオで聞いたことを自分が英語で言えたかどうかのおよその目安にはなります。登録は必要で、無料で使えますが、利用可能な機能が限られます。教員は担当クラスを作成することもできますが、これは有料となります。しかし、それほど高額ではありませんし、もし授業で定期的に利用するのであれば、生徒や学生はきっと楽しんで勉強でき、学習効果もあると思います。

4.2　評価とストラテジー

　この節では、英語学習ウェブサイトの評価とストラテジーについて考えます。ウェブサイトの評価については主として教える人に向けて書いています。例えば授業でサイトを利用する際にどのようなことに注意すべきか等を中心に見て行きます。学習ストラテジーについては、教える側だけでなく学習者に向けても気を付けてほしいことをお話しします。語学学習サイトを最大有効活用するためには、教える側も学ぶ側も学習ストラテジーを考慮すべきだという点がポイントです。

(1) ウェブサイトが適切かどうかの評価

　Lyons-Jonesはかつて教員が授業でCALLを使うかどうかを決める際に大変役立つチェックリストを作成しましたが、Stanley（2011）はさらにこれを改良し、教員が自問すべき6つの質問を下記のように示しました。

①なぜコンピュータやマルチメディアを利用するのか

　ウェブサイトであろうが語学学習ソフトであろうが、流行のテクノロジーがあるからといって不用意にそれを利用すべきではありません。それらを使うことで学習の目標に到達するために役に立つのかどうか、ということをまず考える必要があります。第一の目標は語学の習得であって、テクノロジーは教員や学習者が目標に到達するための道具にすぎないということを理解するべきです。

②誰が利用するのか

　教員は利用しようと考えているマルチメディア教材やテクノロジーが学習者の年齢やレベルに適切かどうかを検討する必要があります。学習者がきちんと使えるようになるためにどのくらいの経験がいるのか、またどのくらいのトレーニングが必要になるのか等を考える必要があります。

③何を一番重視して選ぶべきか

　それぞれの状況・環境にとって最適なマルチメディア教材あるいはウェブサイトでなくてはいけません。利用が簡単で、安価で、適切と思われるならば、授業で利用してみる価値はあるでしょう。

④どこで利用するのか

　どこで利用するのかは重要です。もし教員しかインターネットにアクセスできない一般教室でウェブサイトを利用する授業を展開するのであれば、学習者は単に見ているだけになってしまいます。しかし、学習者全員がインターネットに接続されたコンピュータを使える教室ならば、学習者全員が学びの参加者となります。学習者の一部しか利用できない環境の場合、残りの学習者は何をすればいいのかということを当然ながら問う必要があります。

⑤いつ利用するべきか

　授業時間のうちのいつ、また学期中のいつ、マルチメディアやウェブサ

イトを用いるべきかを考えましょう。学習者がそれを十分に利用できるようになるまでどのくらいのトレーニングを要するか、テクノロジーを使った学習の準備や完成までにどのくらいの時間を要するか、また、授業内で行う他の学習活動はどのようなものがあるかなどを考慮して、導入の検討をしなくてはいけません。

⑥どのように利用するべきか

それぞれのクラスで、どのようにマルチメディアやウェブサイトを利用するのが最適でしょうか。たとえば多くの文法関係のサイトは文法問題を掲載しておりよいサイトだと思えても、授業中に学習者が問題をきちんと学習しているかどうか教員がモニターできるとわけではありません。一人一人きちんと学習させることが重要である場合、コンピュータの前に座らせるよりは、ダウンロードしたPDFを利用して授業中に学習者がそれに取り組んでいるかどうかを教員が見守るほうが適切でしょう。

さて、上で述べた部分と重なるところもありますが、利用しようとする教員は導入前にさらに以下の6つの項目についても考えるとよいでしょう。

Ⅰ. 生徒や学生との適合性
   利用しようと考えているウェブサイト、あるいはソフトウェアの語学学習は、学習者のニーズ、レベル、興味に合っているでしょうか。
Ⅱ. 教員との適合性
   そのサイトや教材は教員の持つ、語学学習のあり方や語学そのものについての考え方と合っているでしょうか。たとえば、コミュニカティブな学習を重視する教員は、そうしたコミュニケーション的な要素のない文法や単語クイズを中心としたウェブサイトが役に立つとは思えないでしょう。
Ⅲ. 支援機能
   学習者が利用する上で、たとえば日本語の説明などの適切な学習支援機能があるでしょうか。教員が不在でも学習可能でしょうか。学習者が間違ったり、理解できなかったときに支援するような機能はあるでしょうか（たとえばフィードバックや説明機能）。

Ⅳ．アクセシビリティと信頼性

どのコンピュータや機器からも利用したいウェブサイトにアクセス可能で、教材ソフトウェアも利用できるでしょうか。利用したいサイトは特別なソフトをインストールする必要がないでしょうか。そのサイトは定期的にきちんと管理されているでしょうか。

Ⅴ．現実性

学習者がそのサイトやソフトを使えるようになるため、どのくらいの説明や事前トレーニング、準備が必要でしょうか。時間やエネルギーをかけるに見合う利用価値があるでしょうか。

Ⅵ．コスト

費用はどのくらいでしょうか。

　こうした質問は主に教員向けですが、自分で勉強しようと考えている学習者にとっても関係があるものです。最も重要なのは、学習者である自分に合っているかどうかということです。そのウェブサイトやソフトウェアの学習内容が自分のニーズ、レベル、興味に適切かどうか。もし適切でなかったなら、学習者はすぐにやる気を失ってしまい、利用しなくなってしまいます。第二に、支援機能も大切です。一人で学習しようと思ったら、教員が側にいてあれこれ教えてくれなくても、自分で操作し、自分で内容を理解するための機能が必要です。それぞれ勉強しようと考えている学習項目の目的は何か、分からない時に説明する機能がついているか、間違いを即時に指摘してくれるフィードバック機能があるかどうか、そうしたことが重要になってきます。ある人にとっては、日本語の機能があるかどうかは大事なことです。3つ目に、そのウェブサイトやソフトにアクセスして利用できるかどうかが大切です。皆さんの中にはスマートフォンやタブレットコンピュータで学習したいと思っている人もあるでしょう。多くのサイトは現在ではこうしたモバイル機器でもアクセス可能になっていますが、文字が読みにくい、一部機能が使えないという問題もあります。4つ目として、学習にかかる時間と努力が、そこから得るものにふさわしいかどうかを見極めることも大切です。もしそのウェブサイトやソフトを利用

するのにあまりに時間がかかったり、無理がある場合、学習者は利用しようとする気持ちを失ってしまうでしょう。最後に、自分で費用を負担することになるのですから、コストについても気をつける必要があります。

(2) ストラテジー

さて、適切なウェブサイトやソフトウェアを見つけたとして、次に必要なのはそれらを最大有効活用するためのストラテジーを育成することです。Hubbard（2004）と Romero & Hubbard（2011）は、教員が学習者に行うべき3つのタイプのトレーニングを紹介しています。

①技術面のトレーニング

教員は、どのようにウェブサイト、コンピュータ、ソフトウェアを使うかについてトレーニングを行い、学習者が自分で利用できるようにする必要があります。1回の説明で十分などと考えてはいけません。どのようなトレーニングであっても、繰り返し、形を変えて行われるべきです。

②ストラテジーのトレーニング

教員は、学習者が十分に学べるように学習ストラテジーを向上できるよう支援することが必要です。学習者はウェブサイトやソフトを使って、自分で学習しなければいけません。教員がいつも側にいて助けてくれる訳ではありません。そのため、自分で学習計画を立て、問題を解決し、学習したことを保持するために有効な学習ストラテジーが必要となります。1章で見たことをもう一度考えましょう。

③自律的態度を養うトレーニング

状況に応じて、どのテクニックやストラテジーを使えばよいのかを理解するためには、単なる学習の方法より高度なレベルの、言わば学習者でありながら、自らが自分を教えるという視点に立った自律的な態度を養うトレーニングが必要です。ここで学習者は「自分がCALLで学習していることと、そこから得られるであろう学習成果を結びつけることの重要性を理解すること（Hubbard, 2004, p.53）」が求められます。つまり、学習者は教員と同じように考えなければならないのです。例えば、教師は一般的な文法の授業である文法項目についてその仕組みや意味、用法などを説明し

ます。学習者がウェブサイトやソフトウェアを使って自習する際、教員の助けなしで自らこうした一連の学習内容と目的を認識しなければいけません。

　ここに挙げたことはそんなに簡単に出来ることではありませんが、その実現に向けてぜひやってほしい5つのステップを紹介しましょう。

①何を学習するのかを計画する
　まず自分がこれから何を学ぶのか考えてみましょう。最も重要な事項は何か、どのような学習をすれば目標を達成できるのかということを考えましょう。
②練習問題に取りかかる前に、それぞれの学習内容について考える
　例えば、もしニュースについて聞く場合、そのニュースで取り扱われているトピックについて自分は何か知っているだろうか、どのような単語が使われるだろうか、どういう点を注意して聞くべきだろうか等をあらかじめ考えてみましょう。
③必要なら練習を繰り返す
　間違った場合、再度練習を繰り返しましょう。その後、正解は何か、そして何故それが正解なのかを確かめることが大切です。ニュースのリスニングを例に挙げると、間違った場合は必ずもう一度音声を聞きましょう。もし何度聞いても間違う、または理解できないという時は、聞いている英文のスクリプトを利用し、英文を見ながら音声を聞いてみましょう。
④復習する
　何を学んだのかを考え、その後復習しましょう。例えば、ニュースを自分の言葉で要約する、英文のスクリプトを読み、自分の知らない単語リストを作成する等が方法として考えられます。
⑤振り返る
　何週か勉強した後、どの程度できているかの振り返りを行いましょう。ウェブサイトでやってみた学習は自分に適切なレベルだったでしょうか。興味を持って取り組めたでしょうか。自分の語学力が向上するのに役立っ

ているでしょうか。もし、イエスと答えることができるなら、このままこの学習を続けていけばいいですね。しかし、そうでない場合は、自分の学習方法を見直す、あるいは、もっと適切な学習内容を探す方がよいでしょう。単にウェブサイト上で練習問題をするだけでなく、リスニングの要旨を書く、覚えておくべき単語を書き出し単語ノートを作成する、文法の重要項目を自分でまとめるといったことを、コンピュータから離れて行うことは大切です。

　さて、最後に私自身の経験を振り返ると、エディ先生が一生懸命教えて下さったり、両親がレコードを買ってまで勉強を勧めてくれたにも関わらず、結局私がフランス語をマスターすることはありませんでした。エディ先生の授業はいつも楽しく、興味深かったのですが、レコードは机の引き出しに眠ったままでした。おそらく、2、3回くらいは聞いたでしょうか。この経験からお伝えしたいのは、いくらウェブサイトやソフトウェアが優れたものであったとしても、語学学習で成功するには、いかにして時間を費やして努力して学ぶことができるかどうかにかかってくるということです。私の中学時代のフランス語学習では、スライド映写機やレコードは道具でしかありませんでした。それは今の時代の、ここで述べたウェブサイトと同じです。ウェブサイトやソフトウェアは役には立ちますが、自分自身が努力する必要があるのです。

4.3　お薦めのウェブサイト一覧

　下記は4.1でみたものを中心にした、英語学習にお薦めのウェブサイト一覧です。リンクは2013年10月現在で有効ですが、ウェブアドレスの変更が生じるかもしれませんことをご了承ください。

⑴　**文法**
・Learn English, Feel Good
　　　http://www.learnenglishfeelgood.com/esl-english-grammar-exercises.html
・Learning English Online

　　　　http://www.englisch-hilfen.de/en/
・English Grammar Online 4U
　　　　http://www.ego4u.com/en/cram-up/grammar
・English Grammar 101
　　　　http://englishgrammar101.com/
・English 4U
　　　　http://www.english-4u.de/vocabulary.htm

　⑵　ボキャブラリー
・English Test Store
　　　　http://englishteststore.net/index.php?option=com_content&view=article&id=11404&Itemid=19
・Language Guide
　　　　http://www.languageguide.org/english/jp/
・English 4U
　　　　http://www.english-4u.de/vocabulary.htm

　⑶　リスニング
・British Council
　　　　http://learnenglish.britishcouncil.org/en/
・Voice of America
　　　　http://learningenglish.voanews.com/
・English Club
　　　　http://www.englishclub.com/listening/dictation.htm
・EFL Net
　　　　http://www.efl.net/caol.htm
・Elllo
　　　　http://www.elllo.org/
・ESL Cyber Listening
　　　　http://www.esl-lab.com/

(4) リーディング
- Japan Times
    http://www.japantimes.co.jp/
- Japan Times ST
    http://st.japantimes.co.jp/
- Asahi Shimbun
    http://www.asahi.com/english/
- Asahi Weekly Digital
    http://asahiweekly.com/
- The Mainichi
    http://mainichi.jp/english/english/
- Mainichi Weekly
    http://mainichi.jp/english/weekly/
- The Japan News(Yomiuri)
    http://the-japan-news.com/

(5) スピーキング&ライティング
- Verbling
    https://www.verbling.com/
- Italki
    http://www.italki.com/
- Shared Talk
    http://www.sharedtalk.com/

(6) 発音練習とボキャブラリー
- English Central
    http://www.englishcentral.com/

5 実践編
学習記録とメタ認知ストラテジー

　この章では学習記録の実践例を挙げ、学習者の学びの振り返りを考えてみます。自己の学びの振り返りは、自律学習を成功へと導く大きな要因ですが、客観的な自己評価の態度はおのずと養われるわけではありません。1章でみたように、学習者が自分の学習について客観的に捉えるために、学習ストラテジーの一つであるメタ認知ストラテジーが使えるようにならなければいけません。本章では、このストラテジーの養成に学習記録がどのように効果があるのかについて考えたいと思います。

　最初にこの学習記録を取り入れたのは、自学自習を中心とするe-learningの場合でした。学習時間や学習消化率は、機能として自動的に計算され学習者にも教える側にも分かるようになっていますが、結果に至るまでの過程の様子を知りたいと思ったからでした。では実際に見ていきましょう。

5.1　e-learningで用いた記録

　学習記録の構成は、①学習時間、②学習した感想、反省、学習した単語・表現、③学習内容についての質問、④次回の学習計画の4項目からなります（巻末の資料3「学習記録その1」参照）。学習者は毎回のe-learningの後に、自らの学習を振り返りながら記録をつけていきます。

　さて、記録された例を以下に挙げます。まず平均的な学生の記述を見てみましょう。5つの項目のうち②の学習した感想、反省と④の学習計画についての記載が多いのが特徴的でしたが、以下の例で分かるように、具体的な記述はあまり見当たりませんでした。

②学習した感想、反省
　もっと勉強しようと思う。／今回は学習出来なかったので反省。／集中できない。

④次回の学習計画
　毎日コツコツと。／予習・復習／できるだけ進める。／毎日英語に触れ

る。／少しだけでも英語を覚えたりして勉強時間を増やしていく。

　一方で、熱心な学生の記述には②の学習した感想や反省について、具体的な記述が多くの項目で見られました。以下に内容ごとに(ア)〜(カ)に分けて、記述例を挙げます。
　(ア)　より具体的な記述
　　　さぼってしまった分、取り戻して意欲的に頑張る。／理解できるまで何度もやり直したい。
　(イ)　学習項目について
　　　リスニングは耳だけでなく前後の文を読むことによって解くことができた。／全体を見て解くことが大事だと分かった。
　(ウ)　学習方法について
　　　分からない単語があればすぐに調べる癖をつける。／総復習、確認の繰り返しを絶えずした。／分かるまで何度も聞いた。／英単語を辞書で調べることが習慣づいてきたので、これからも続けて行きたい。／出来た箇所ももう一度やって本当に理解出来ているか試そうと思う。
　(エ)　教材の活用方法について
　　　リーディング部分は画面だけでなく教材を印刷して理解できるまで勉強した。／教材のヒントを用いて意味を調べた。／教材の色々な機能を使いながら問題をやり終えられた。
　(オ)　学習の振り返りについて
　　　出来た問題と出来ない問題がはっきりした。／リスニングが全問正解だったので力がついてきてうれしかった。／クイズ（小テスト）はよく読んでやったら、やっと8割を超えた。／分からない単語の意味を調べて、分かった時の感覚がすごくうれしい。
　(カ)　学習上の課題発見について
　　　リスニングの問題が先週も悪かったので、課題はリスニングだと思う。／点数が悪くて悔しく、何故間違えたのかを見直して、弱い部分が分かった。／問題が多く集中力がなくなってきたので数回に分けて行った。／単語力と共に集中力も高めなければと感じた。／ケアレス

ミスをしたので、落ち着いて見直すことも必要だと思った。／弱い部分が分かったのでそこを集中的に学習していこうと思う。／知らない単語があったら、問題に直接関係していなくても調べて、語彙を増やしたい。

記録の分析を通して、学習者の記録のつけ方について次の４点が明らかになりました。
　①e-learningに積極的な学生になるほど、記録内容が具体的になってくる傾向が見られた。
　②自分の弱点を発見し、次の学習に生かそうとする姿勢が見られた。
　③次に学習すべき項目を具体的に書きだすことができるようになった。
　④自己評価では、課題だけでなく自分への励ましや、学習がうまく行えた時の素直なうれしい気持ちが表れ、次の学習の動機づけにつながる点も見られた。

これらの結果は、１章で見た学習ストラテジーの下位分類の一つである情意ストラテジーの「自分の気持ちを書きとめたり、記録したりする」という方法が、今回の調査の学習者にとっては有効なストラテジーであったことを示していると言えます。

5.2　学習方法に焦点を当てた記録

　ここでは学習者の記録がより具体的になるように、(1) 具体的学習内容と学習時間、(2) 具体的学習方法、(3) 成功した学習方法、(4) 成功しなかった学習方法、(5) 学習上の問題点、(6) 次回の学習目標の６項目を作成してみました（巻末の資料４「学習記録その２」参照）。この記録紙では、学習者がより詳しく書けるように記載例を挙げています。
　この記録を、英語を専攻とする大学１、２年生に使ってみました。その結果を①学習項目、学習方法、②成功した・成功しなかった学習方法、③課題、④次回の目標の４点に分けてまとめてみます。

①学習項目、学習方法

　記載例として語彙を挙げたため、結果的に単語に関する記述（電子辞書の使用、単語ノートの作成等）が多くなりましたが、その他に読解（日本語訳、英字新聞利用）や洋楽を聞くこと等が挙げられました。全体的には一般的な記述もありましたが（資料集め、単語、単語調べ、和訳を覚える等）、「単語を書いて覚える」、「辞書を引かずに意味を推測」といった具体的記述が多くなりました。

②成功した・成功しなかった学習方法

　この項目については、学習者が自分の学習方法や学習に対する姿勢を振り返っていることが良く表れていました。例えば成功した学習方法として、「線を引いたり、マークをして内容理解の程度を整理した」、「数日に分けて勉強を行った」、「疲れた時には休憩をした」が挙げられました。

　また成功しなかった方法として、「まとめてやるのはだめだった」、「集中力が足りない」、「徹夜はしてはいけない」、「読む力がないので、読むペースが遅い」、「出来ないことを後に回すのは、結局はやらないことになる」等、自分の学習方法の課題に気付いたことが分かりました。

③課題

　課題として、学習の時間不足を指摘する記述が多く見られました。また学習がうまくいかない理由として、学習者をとりまく学習への環境（「人に頼る」、「早くから課題に取りかかれない」、「先延ばしにする」、「集中できない」、「自分に対して甘い」、「分からないとやめる」）が挙げられていました。これは、自己の学習に対する姿勢について、客観的評価が出来ていたと思われます。

④次回の目標

　目標としては、継続して学習することの重要性、計画性のある学習、時間の有効活用、具体的な学習スキルの向上、学習方法の具体的な工夫（「日本語訳に頼らない」、「単語カードを平日、休日関係なく毎日見る習慣づけ」、「自分の頭で考えて学ぶ」等）が挙げられました。この項目についても具体的な記述が見られ、身近な目標を設定する習慣づけが出来つつあることが明らかになりました。

これらの学習記録調査の結果、学習者は、学習をした後で振り返る時間を持ち、それを記録にすることにより、客観的に自分の課題に気付き、目標を設定することが出来る様になったと思われます。そのことは主として自学自習型の形態を取るe-learningのみならず、従来型の対面式授業の自宅学習（予習、復習等）においても使える可能性があることが示されたと思います。

5.3 「学習日記」と「単語ノート」

　「学習日記」は、皆さんの日々の英語の勉強について、自分の学びを「振り返り」、その結果を「評価」し、次のステップの「目標を設定する」ことをねらいとして作ったものです。皆さんは、それぞれが何らかの形で英語の学習に取り組んでいると思います。授業内や、授業外、楽しみのため、資格取得、留学、あるいはスキルアップを目的に、日々頑張っていることと思います。でもそうして自分が頑張っている様子を何かに書きとめているでしょうか。もちろん、勉強した内容は授業のノートにちゃんと書いているよ、プリントや問題集にも書きこんでいるよと言うかもしれません。それはそれでとても重要なことなのですが、一度自分の学びのプロセスを客観的にながめてみて欲しいと思います。

　勉強した内容だけでなく、いつ、どのぐらい、どのレベルまで勉強したか、そしてそれはどの程度うまく進んだか（あるいは、残念ながらうまく進まなかったか）、テストや資格試験は、いつ、どこで受けたか、そしてその結果はどうだったか等、書いて残しておいた方がいいことは、たくさんあります。そしてそれを振り返ることが重要だということに気付きましょう。あんなに勉強したのに、どうしてうまくいかないのだろう。自分の勉強のスタイルを考えると、何かある時の直前にしかしないとか、最初の3日以上は続けられないとか、一人ではできない等自分の勉強の姿が見えてくると思います。そしてその時にこそ、じゃどうしたらいいのかを考える、つまり目標の立て方に前向きになれる時です。そしてその気持ちが、次は頑張ろうという自分への励ましにつながります。

　この「学習日記」はそういう意味で、皆さんの学びを応援するものです。

毎日広げて、とにかく記録に残すと言うことを続けてみてください。きっと気がつけば、少しずつ学習の習慣がついているはずです。自らの学びに気付き、その方法を修正しながら、スモールステップで、目標を少しずつ達成していくというサイクルを作りましょう。それができれば、皆さんはもう立派な「自律した学習者」です。この「学習日記」の他に、参考までに、「英語学習自己評価シート」（巻末の資料6）を用意しました。これは授業ごとの半期間の様子を自分で振り返る目的のために作成しました。半年間の授業が終わった時に完成してみてください。

　もう一つの実践である「単語ノート」は、いわゆる単語帳ですが、自分だけのノートに作り上げましょう。学んだ単語をノートに書きだしますが、その時にその単語の意味を覚えるだけではなく、一つの単語から覚えるべき内容を何か一つ加えて、一度に2つ以上のことを関連付けて覚えるような方法を身につけてみましょう。連想する単語、反対語、よく似た意味、形が似ているものなど、単語を関連させながら、自分なりの単語のネットワークを作りましょう。学習するたびに、作成中の単語ノートに書きいれて行く作業を繰り返しましょう。始めはスペースだらけだったものが、徐々に情報で埋まってくる様子を実感しましょう。そうすれば、だんだんもっとやってみようという気持ちが生まれてきます。では実際に使い方をみてみましょう。

(1)「学習日記」の使い方

　この「日記」は、基本的には大学の授業と連動するように作られています。全体を30週とみて、前半15週、後半15週と考えて下さい。そして週ごとに記録をつけます。記載内容は、まず1週間を一つの単位と考えて、その週に勉強することについて書きます。

　まず達成したい目標を「今週の達成目標」の欄に書いて下さい。そしてその内容を「学習内容」に書いて下さい。そしてその週が終わった時点で、どのぐらい目標が達成できたかを「達成度チェック」の欄に◎、○、△、×のような記号、あるいはパーセントで数字で示してもらってもかまいません。あくまで自分の基準で判断して下さい。こうした評価を「自己評価」

と呼びます。

　次に「1週間の学習の記録」の欄に、毎日の「学習時間」と「学習内容」を記入して下さい。忘れずに必ず少しでもいいので書いて下さい。「全く出来なかった」という記述でも構いません。「記録する」と言うことが大切な点です。はじめは思ったようにいかないと思いますが、大切なことは記録をつけて残すと言う作業を繰り返すことです。良い結果にならなくても、とにかく書いておきましょう。

　そして最後に「今週を振り返って（感想）」の欄に、その週に努力したこと、あまり出来なかったこと、改善点を自由に書いて下さい。一週間を振り返りながら、そして翌週にはこういう風にしてみようと考えながら書いて下さい。

　こうして毎週完成する1週間の学びの記録を、出来れば先生にも見てもらってコメント（フィードバック）をもらえればいいですね。先に述べた「自己評価」に対して「他者評価」と呼びますが、自分では気付かない点に気付かせてくれるのは周りの人たちです。先生以外に友達同士で見せあって、自分との学習の違いに気付くことも、いい結果を生みますよ。周りの人と一緒にしてみるというのもよい学習ストラテジーです（覚えていますか。1章で見ましたね）。そういう仲間作りにも、この学習日記を役立てて下さい。色々なコメントがもらえると、もっと頑張ってみようと思うはずです。

　次のページに「学習日記」の記載例を挙げておきます。毎週1枚を完成して下さい。week1、week2というように、授業の週に合わせてつけていきましょう。

　また巻末の資料7に「週間ダイアリー」を載せました。例を参考にして毎日したことを記入し、「今週がんばったこと」と「次への課題」を週の終わりに書き入れて下さい。

「学習日記」記載例

No.		Name.	
Week (9)			
今週の達成目標	学習内容		達成度チェック
①授業の復習	「英語オーラル１」のリスニング課題をする。		○
②発音の練習	空き時間にコンピュータ室でする。		◎
③TOEICの単語練習	『TOEIC単語集』のpp.15-20を覚える。		△
１週間の学習の記録			
月 日	曜日	学習時間	学習内容
６月１日	日	50分	授業の予習（総合英語１）
６月２日	月	30分	教室で授業前に単語の意味調べ
６月３日	火	20分	English Roomでリスニングの課題（①）
６月４日	水	０時間	なし
６月５日	木	１時間	レポート作成（アメリカ文化講義）
６月６日	金	50分	コンピュータ室で発音練習（②）
６月７日	土	30分	電車の中でTOEICの単語（③）
今週を振り返って（感想）：努力したこと、あまり出来なかったこと、改善点			
発音練習はよく勉強できたが、単語は少ししかできなかった。リスニングの課題は、分かりにくかったところを先生に質問してみたい。全体にもう少し学習時間を増やしたい。			
【教員からのコメント】			
もうひと頑張り出来るように、単語などを調べる習慣づけを目指しましょう。その習慣がつけば、今度は図書館やEnglish Roomなど、他の人が勉強している場所で頑張ってみてください。覚えた単語をノートにつけることも始めてみましょう。			

「学習日記」

No.　　　　Name.			
Week（　）			
今週の達成目標	学習内容		達成度チェック
①			
②			
③			

1週間の学習の記録

月　日	曜日	学習時間	学習内容
月　日	日		
月　日	月		
月　日	火		
月　日	水		
月　日	木		
月　日	金		
月　日	土		

今週を振り返って（感想）：努力したこと、あまり出来なかったこと、改善点

【教員からのコメント】

(2) 「単語ノート」の作り方

　さて、学習記録が順調に進んだら、今度は学習内容それ自体を記録することにチャレンジしてみましょう。では何から始めるか、考えどころですね。何でもかんでも書いてみようと言う意欲満々の人、いいですね。でも授業のノートはあるし、同じことをもう一度書くのかな、と考えている人もいますよね。そうですね、ここではポイントを絞りましょう。単語に焦点を当ててみましょう。ある授業で習った単語が、また他の授業でも出てきたことはありませんか。あるいはどこかで習ったけれど、すこし形が違う単語だなあと思った事はありませんか。ここではそういう経験を基に、とにかく習った単語を一つのところにまとめてみましょう。

　やり方としては、授業で出てきた内容をもう一度復習しながら、自分が知らなかった単語を拾っていきます。くれぐれも知っている単語は、書かないでくださいね。知らなかった単語だけで結構です。そしてそれらを「単語ノート」に順に書いていって下さい。ノートには真ん中に線が入っています。欄の左側に英語を書き入れて下さい。そして右側に日本語で意味を書きましょう。まずこれが第一段階です。出来るだけシンプルに始めるのがコツです。ただしここで大事なことは、単語を１行ずつ、つめて書くのではなく、３〜５行程度スペースをとって書いておいて下さい。このスペースは、次にこの単語、あるいはよく似た単語に授業で出会った時に、追加の情報を書くためのものです。どういう情報かと言えば、例えば動詞であるなら、その名詞形、形容詞形、似た意味の単語、反対語などもどんどん足していきましょう。分かりやすく言えば、その単語を覚えるときに一緒に覚えておけば便利なものを加えていくのです。自分がその単語から連想しやすい単語等を入れてもいいですよ。

　そうして続けていくうちに、ノートの余白がどんどん埋まっていくと思います。そして自分だけの単語ノートが完成します。多くのことが書き入れられた成果をみると、達成感も出てきますし、うれしくなります。こんなに頑張ったのかと感じられると思います。そしてノートは授業の試験の時だけでなく、資格試験やその他の対策に必ず役に立ちます。単語は皆さんの英語力の基礎となるものです。しっかりとした土台作りがノートの形

になって自分の単語力が目に見えるものになることに気付いてもらいたいです。このノートは何と言っても自分で作ったものですから、覚えるのには苦労しないと思います。ばらばらに見えていた単語が一つの箱に入ってまとまっていく様子が、勉強が進むにつれイメージ出来ると思います。ぜひがんばりましょう。

単語ノート（記載例）

English	Japanese
unbelievably	信じられないぐらい 　believe（v） 　un 否定のマーク 　　例 <u>un</u>lucky, <u>un</u>happy 　ly 副詞のマーク 　　形容詞 careful　副詞 careful<u>ly</u>
suppose	思う、仮定する 類義語 think, guess 　良く使われる形　be supposed to… 　　　「…ということになっている」

単語ノート

English	Japanese

参考文献

有馬淑子、アラン・ベセット、権瞳、佐藤恭子（2013）.「自由学習状況における e-learning継続時間の規定要因」『京都学園大学紀要　人間文化研究』31, 13-26.

Bessette, A.(2007). "Student Use of CALL Software and Its Effect on Learner Performance" in Y.Ota, K.Fujii, and Y.Sugimori , *English and Education: Now and Future*(*Eigo to Kyouiku- Genjyou to Tenbou*), 57-72.

Bessette, A.(2013). "Learner Use of a Tutorial CALL Program" *Poole Gakuin University Journal*, Vol.54, 63-73.

Chapelle, C. and S. Mizuno.(1989). "Student's Strategies with Learner-Controlled CALL" *CALICO Journal* 7, 25-47.

Heift, T.(2002). "Learner Control and Error Correction in ICALL: Browsers, Peekers, and Amamants" *CALICO Journal* 19, 295-313.

Horwitz, E.K.(1987). "Surveying Students' Beliefs about Language Learning". In A.Wenden & J. Rubin(eds.). *Learner Strategies in Language Learning*. London: Prentice Hall, 119-129.

Hubbard, P.(2004). "Learner Training for Effective Use of CALL". In Fotos S. & C. Browne(eds.), *New perspectives on CALL for second language classrooms*. Mahwah, NJ: Lawrence Erlbaum

権瞳、佐藤恭子(2012).「CALL学習における学習者の教材利用および学習行動についての実証的研究」外国語教育メディア学会第46回全国研究大会口頭発表.

Kwon, H. and Y. Sato.(2013). "An Empirical Study of Learners' Behavior and Use of Learning Materials in CALL" *Poole Gakuin University Journal*, Vol. 54, 67-81.

Liou, H.C.(1997). "Research of On-Line Help as Learner Strategies for Multimedia CALL Evaluation" *CALICO Journal* 14, 81-96.

Lyons-Jones, S. "Teaching with Technology-A Basic Checklist" Accessed on August 7, 2013, from http://www.edtech-hub.com/resources/techteachchecklist.html

Michelot, S. (2013). "How to Find a Language Exchange Partner: The Best Websites. *MOSAlingua*." February 21, 2013. Accessed on October 14, 2013, from http://www.mosalingua.com/en/how-to-find-a-language-exchange-partner-the-best-websites/

Oxford, R. L.(1990). *Language Learning Strategies: What Every Teacher Should Know*. Rowley, MA: Newbury House.

Pintrich, P. R.(2000)."The Role of Goal Orientation in Self-Regulated Learning" In M. Boekaerts, P. Pintrich, & M. Zeidner(Eds.), *Handbook of Self-Regulation, Research, and Applications*. FL: Academic Press,451-502.

Romeo, K. and P. Hubbard.(2011). "Pervasive CALL Learner Training for Improving Listening Proficiency." In Levy M., F. Blin, C. Bradin Siskin, & O. Takeuchi(eds.), *WorldCALL: International Perspectives on Computer-Assisted Language Learning*. NY: Routledge. 215-229.

Stanley, G.(2011). Better 'the Five Ws' than 'Because it's there.' blog-efl. Retrieved on August 7, 2013 from http://blog-efl.blogspot.jp/2011/05/better-five-ws-than-because -its-there.html

佐藤恭子、権瞳、アラン・ベセット、有馬淑子 （2012）.「e-learningにおける学習ストラテジーと英語学習ビリーフ」, 第18回大学教育研究フォーラム発表論文集, 159-160.

佐藤恭子、権瞳、アラン・ベセット、有馬淑子(2013).「自律学習におけるメタ認知ストラテジーの指導に向けて－「学習記録」と「授業アンケート」の実践－」『追手門学院大学教育研究所紀要』, 第31号, 40-49.

下山幸成、磯田高道、山森光陽 （2002）.「学習観がCALL教室における英語学習の成果に及ぼす影響：クラスター分析を用いた学習者プロファイリング」, *JALT Journal*, Vol. 24, No. 2, 155－166.

Zimmerman, B. J.(2008)."Investigating Self-Regulation and Motivation: Historical Background, Methodological Developments, and Future Prospects" *American Educational Research Journal*, March, Vol. 45, No. 1, 166－183.

W3Techs(2013). "Usage of Content Languages for Websites". Accessed on October 15, 2013 from http://w3techs.com/technologies/overview/content_language/all

資料編

(1) 資料1　Horwitz(1987) The Beliefs About Language Learning Inventory(BALLI)を参考に

英語学習ビリーフについて（全25問）
Ⅰ．英語学習の難しさ
①英語は日本語と同じような仕組み（構造）をしていると思う。
②私は最終的には英語をとても上手に話せるようになると思う。
③私は英語を話したり聞いたりするよりも読んだり書いたりする方が得意だと思う。

Ⅱ．外国語の適性
④私は英語の勉強に向いているタイプだ（適性がある）と思う。
⑤日本人は英語を学ぶのが上手だと思う。
⑥誰でも外国語を話せるようになると思う。

Ⅲ．英語学習の特質
⑦英語を話せるようになるには英語を話す国の文化について知ることが必要だと思う。
⑧英語は英語が話されている国で学ぶのがいいと思う。
⑨英語の勉強で最も大切なことは単語だと思う。
⑩英語の勉強で最も大切なことは文法だと思う。
⑪英語を学ぶのは、他の教科を学ぶのとは違うと思う。
⑫英語の勉強で最も大切なことは日本語への訳し方だと思う。

Ⅳ．コミュニケーション・ストラテジーと学習ストラテジー
⑬きれいな発音で英語を話すことが大切だと思う。

⑭英語を正確に話せるようになるまでは、使わないほうがいいと思う。
⑮もし誰かが英語で話しているのを聞いたら、その人のところへ行って使ってみると思う。
⑯もし知らない英語の単語があったら、意味を推測してもいいと思う。
⑰何度も繰り返して英語の練習することは大切だと思う。
⑱人前で英語を話す時に、恥ずかしいと思うことはない。
⑲初期の英語学習の段階で間違いをしてもいいと言われたら、あとで間違いを修正するのは難しいと思う。
⑳コンピュータやスマートフォンなどの電子機器を使って、英語の学習をすることは大切だと思う。

Ⅴ．学習者の動機と期待
㉑英語を上手に話せるようになれば、使ってみる機会が多くなると思う。
㉒英語の力がつけば、よい仕事につく機会が増えると思う。
㉓日本人は英語を話すのが大切だと感じていると思う。
㉔英語を話す国の人をもっと知ることができるように英語を勉強したいと思う。
㉕私は英語が話せるようになりたいと思う。

(2) 資料2　学習ストラテジー：Oxford（1990）を参考に

学習ストラテジー（30問）

1．直接ストラテジー

1）記憶ストラテジー（新しい言語を蓄え、引き出すために使われる）
1．新しい単語を覚えるのに、文を書いてみる。
2．新しい単語を覚えるのに、単語カードを使う。
3．新しい単語を覚えるのに、発音や使われる場面などをイメージして覚える。
4．新しい単語を覚えるのに、今まで学習した事柄と関連づける。

5．新しい単語を覚えるのに、テキストに出てきた箇所や、授業中の板書の位置などを手掛かりにする。

2）認知ストラテジー（よりよい言語産出や理解をするために使われる）
6．英語のテレビ番組や映画を見る。
7．まとまりのある文を読むときに、まずはざっと読み、そのあと始めから注意深く読む。
8．難しい単語は、いくつかの部分に分けて意味を考える。
9．一語、一語、日本語訳をしない。
10．楽しんで、英語の小説を読んだり、手紙を書いたりする。

3）補償ストラテジー（わからないことを推測したり他の方法を使って補う）
11．知らない単語の意味を推測しようとする。
12．話していて適切な語が見つからない時、ジェスチャーを使う。
13．英語を読むときに、新しい単語を一つ一つ辞書で調べない。
14．話をする時、相手の人が次に英語で何を言うか、推測しようとする。
15．単語が思いつかなかった時、知っている語で言い換えたり、新しい語を作ったりする。

2．間接ストラテジー

1）メタ認知ストラテジー（自分の認知処理を統制するために使われる）
16．色々な方法を見つけて英語を使うようにする。
17．間違いに気付き、それを基にしてもっと上達しようとする。
18．計画をたてて英語学習に十分時間がとれるようにする。
19．英語の技能を高めるための明確な目標を持つ。
20．自分の英語学習の上達について考える。

2）情意ストラテジー（学習態度や感情の要因を自ら統制するために使われる）

21. 英語を使う時に自信がない時、リラックスするようにする。
22. 英語学習において、間違いを恐れないように自分を励ます。
23. 英語を使ってうまくいった時に自分をほめたり、ご褒美をあげる。
24. 英語を勉強したり使っている時に、緊張しているのに気付く。
25. 英語の学習について自分の気持ちを書きとめたり、記録したりする。

3）社会的ストラテジー（他人との作業を通じて理解、強化するために使われる）
26. 英語が分からない時ゆっくり話してもらうか、もう一度言ってもらう。
27. 話している時に、ネイティブスピーカーに誤りを直してもらう。
28. 英語を勉強する仲間を作る。
29. 積極的に英語のスピーチ大会に出たり、英語話者とのパーティーに参加して文化を学ぶようにする。
30. 授業外でもメールを使って学習上の分からないところを教師に質問する。

(3) 資料3　学習記録（その１）

「学習記録」

学籍番号　　　　　　名前

① 今週は何を勉強しましたか。具体的に書いて下さい。

② 勉強した内容について、覚えるべき単語や表現を書いて下さい。また感想や反省点を挙げてください。

③ 学習した内容についての質問があれば、具体的に書いて下さい。

④ 次週までにする学習計画を具体的に立ててください。

(4) 資料4　学習記録（その2）

```
                          学習記録

              学籍番号              名前

1．学習したことは何ですか。具体的な学習項目（訳、レポート作成、
   試験の準備など）を書いて下さい。またどのぐらいの時間を使いま
   したか。学習時間を書いて下さい。


2．どのような方法で勉強しましたか。具体的に書いて下さい。（単語
   を覚えること、辞書を引くこと、日本語訳をすること、レポートを書く
   ための資料集めなど）


3．うまく出来た学習方法は何ですか。具体的に書いて下さい。




4．あまりうまくできなかった学習方法は何ですか。具体的に書いて
   下さい。




5．学習上の課題は何ですか。具体的に書いて下さい。（時間が短かった、
   分からない単語があっても辞書を使用しなかった、毎日出来なかった等）


6．次回の学習の目標は何ですか。
```

(5) 資料 5　Learning Journal

Learning Journal

One of the keys to mastering a foreign language is to pay attention to what you are learning and one way that you can pay attention is by writing down new vocabulary words and expressions and new grammar points.

Vocabulary Words
Whenever you find a new word, you should write it down in this learning journal. You should
◆ Write the new word
◆ Circle the appropriate part of speech （noun / verb / adjective / adverb /phrasal verb / expression）
◆ Write the meaning in English. （You can also write the meaning in Japanese.）
◆ Write your own example sentence
◆ Review the words once a week.

Listening practice
In this learning journal, when you do a listening activity you should write down
◆ Which listening activities you do （Listening site and listening activity）
◆ When you did the activities （date）
◆ How well you did on the quiz （your score）
◆ Brief summary of the listening
◆ New words or expressions after you check the listening transcript. You should also write down their part of speech （noun, verb, adjective or adverb）, their meaning, and an example sentence.

Grammar practice
When you do a grammar activity, you should write down
◆ Which grammar activity you do （Grammar site and grammar activity）
◆ When you did the activity （date）
◆ How well you did on the quiz （your score）
◆ An explanation in your own words of the grammar feature that you practiced. For example, what does the grammar mean or when is it used. This explanation or rule can be written in Japanese.

What to write in your Learning Journal

Here are some examples of how to complete your journal.

Listening:

Summary: (In 2 or 3 sentences, describe what the listening was about.)
Hank leaves a message for Bill. Hank tells Bill that he will be late to the game because he has to work late.

New vocabulary:

Word: *wrap up*	noun / verb / adjective / adverb / phrasal verb / expression
Meaning: *to finish something, for example, work*	
Sentence: *I watched TV after I wrapped up writing my report for tomorrow's class.*	

Grammar:

Grammar Rule (Explain — in English or Japanese the grammar feature that you practiced.)
Also, you should write down the mistakes that you made

英語で：*Use look for when you mean search for something and look at when you mean direct your eyes at something.*
日本語で：*何かを探しているときは look for, なにかを直視しているときは look at を使う。*

Mistakes:
×：*I looked at my keys.*
○：*I looked for my keys.*

Learning Journal   CALL

Name: _____   Student Number: _____

Unit _____   Date: _____

Goals of this unit

Listening 1

Summary: (In 2 or 3 sentences, describe what the listening was about.)

Grammar Rules

New vocabulary

Word:	noun / verb / adjective / adverb / phrasal verb / expression
Meaning:	
Sentence:	

Word:	noun / verb / adjective / adverb / phrasal verb / expression
Meaning:	
Sentence:	

Word:	noun / verb / adjective / adverb / phrasal verb / expression
Meaning:	
Sentence:	

Word:	noun / verb / adjective / adverb / phrasal verb / expression
Meaning:	
Sentence:	

Word:	noun / verb / adjective / adverb / phrasal verb / expression
Meaning:	
Sentence:	

(6) 資料6

英語学習自己評価シート　科目名（　　　　　　　　）

学籍番号　　　　　名前

①今までに受けた英語の外部試験のスコア

試験名	受けた時期	スコア	結果について一言

②学期中のクイズ（小テスト）の得点

1回目	2回目	3回目	4回目	5回目

6回目	7回目	8回目	9回目	10回目

③休んだ回数　　　　　　　　遅刻した回数

15回中（　　　）回　　　15回中（　　　）回

④提出した課題数、内容

提出日	課題内容	課題についての感想を一言

⑤この授業でがんばったことは何ですか。

⑥この授業であまりがんばれなかったことは何ですか。

⑦次の学期に頑張りたいこと、目標は何ですか。

⑧この学期の評価を自分でつけるとしたら何点ですか。

(7) 資料7　週間ダイアリー

> コピーして自分の英語学習計画を立ててみましょう

――― 週間ダイアリーの記入例 ―――

Friday Date 2	10:00 〜 11:50 スマホで聞き取り。 分からない表現。 "recharge my batteries"	16:30 〜 17:00 Readingの宿題。 ＴＯＥＩＣまであと1カ月。 前回の510点を超えて600点を目標に文法の問題集をする！ （pp.15 〜 25）
Saturday Date		
Sunday Date		

> 一日の学習記録や具体的な達成目標を記入して、振り返りましょう

・今週頑張ったこと・

◎毎日5分ＥＬＬＬＯを開いた！

・次への課題・

◎来週から単語ノートを作る。

Month

Monday
Date

Tuesday
Date

Wednesday
Date

Thursday
Date

Friday
Date

Saturday
Date

Sunday
Date

・今週頑張ったこと・

・次への課題・

著者略歴

佐藤　恭子（さとう　やすこ）
神戸大学教育学部卒業、神戸大学大学院教育学研究科（英語教育専攻）修士課程修了。英国レディング大学大学院博士課程修了。Ph.D. 専門は英語学、第二言語習得。神戸学院女子短期大学、プール学院短期大学、プール学院大学を経て、追手門学院大学国際教養学部英語コミュニケーション学科教授。著書として*Power Vocabulary*（英潮社フェニックス）（共著）、『英語心理動詞と非対格動詞の習得は何故難しいのか』（渓水社）（単著）など。

権　瞳（くぉん　ひとみ）
米国ウィスコンシン大学マディソン校心理学部卒業、ウィスコンシン大学マディソン校大学院成人継続教育学研究科（成人教育専攻）修士課程修了。同志社大学大学院アメリカ研究科（アメリカ研究専攻）修士課程修了。同大学院博士課程単位取得退学。プール学院大学国際文化学部教養学科准教授。専門は米国のマイノリティ教育と成人教育論およびコンピュータを利用した学習。著書として*Power Vocabulary*（英潮社フェニックス）（共著）、『英語と教育－現状と展望』（プール学院大学）（共著）など。

Alan J. Bessette（アラン　ベセット）
米国カリフォルニア大学バークレー校動物学部卒業、テンプル大学大学院教育学研究科（TESOL専攻）修士課程専攻。専門はCALLと第二言語習得。EuroCALL、MoodleMoot、JALT CALL SIGのなどの学会でCALL研究について数多く発表を行っている。プール学院大学国際文化学部教養学科教授。著書として*Power Vocabulary*（英潮社フェニックス）（共著）、"Learner Use of a CALL Tutorial Program（『プール学院大学紀要54号』2013）"など。

有馬　淑子（ありま　よしこ）
大阪大学人間科学部卒業、大阪大学人間科学研究科博士後期課程修了。博士（大阪大学　人間科学）。専門は社会心理学。プール学院大学を経て、京都学園大学人間文化学部心理学科教授。著書として『極端化する社会』（北大路書房）（単著）など。

英語学習者は e-learning をどう使っているのか
―自律学習におけるメタ認知ストラテジー能力の養成に向けて―

平成 26 年 2 月 20 日　発　行

著　者　佐藤恭子、権　瞳、アラン・ベセット、有馬淑子
発行所　株式会社　溪水社
　　　　広島市中区小町 1-4（〒730-0041）
　　　　電話 082-246-7909 ／ FAX082-246-7876
　　　　e-mail: info@keisui.co.jp
　　　　URL: www.keisui.co.jp

ISBN978-4-86327-251-4 C1082
©2014 Printed in Japan

溪水社　好評既刊書

英語心理動詞と非対格動詞の習得はなぜ難しいのか
―― 動詞の項構造の習得をめぐって ――

佐藤恭子著／A5並製・88頁／1,500円（税別）
日本人英語学習者の心理動詞と非対格動詞習得の実態を、誤用例の紹介や学習の実験データによって究明。動詞の項構造の習得について実証的に解明する。

1　動詞の項構造の習得とは
2　心理動詞とは
　日英語の心理動詞／学習者コーパスにみる心理動詞の使用実態／実験／考察
　【練習問題A】
3　心理形容詞
　学習者コーパスにみる心理形容詞の使用実態／日英語の心理形容詞／実験／考察
　【練習問題B】
4　心理動詞と主語の有生性（animacy）
　実験／考察／資料
　【練習問題C】
5　非対格動詞とは
　自動詞の2分類／学習者の誤用の実態／受身文の誤用と使用文脈の影響／誤用に対する仮説／非対格動詞の習得過程／習得順序の傾向／学習へのヒント
　【練習問題D】